淡定

在憤怒的世界裡 淡定地活著

林大有◎著

前言

馴服情緒野馬，在憤怒的世界裡淡定地活著

布克原是法國的一名天主教信徒，西元一五三六年，因反對羅馬教廷的刻板教規，被捕入獄。他是一位鐘錶大師，入獄後，被安排製作鐘錶。在那個失去自由的地方，不管獄方採用什麼樣的高壓手段，他都無法製作出日誤差低於十分之一秒的鐘錶。可是，入獄前的情形卻不是這樣，那時在自己的工作室裡，他的鐘錶可以精細到日誤差低於百分之一秒。

難道是技藝隨著時間的流逝而消失了嗎？

不是。

當他越獄逃往日內瓦，重新開始自由幸福的生活的時候，布克驚喜地發現，他又可以製作出誤差低於百分之一秒的鐘錶了。

原來，真正影響鐘錶準確度的不是環境，而是製作鐘錶時的情緒。

情緒有著天使與魔鬼的雙重身分，管理恰當，會為我們的事業錦上添花；管理不當，會導致我們的事業生活一塌糊塗。生活中，我們經常見到有這樣一些人，為了一點小事而大發雷霆，遇到一點挫折就鬱鬱寡歡，碰到一點危險就裹足不前，獲得一點榮譽就趾高氣揚……久而久之，因為控制不好自己的情緒，工作成績上不去，幸福的家庭不再和睦，朋友關係出現裂痕……

這也就告訴我們，經常保持情緒良好的人，必定是一個有好人緣、幸福、有成就的人；如果

放縱或餵養壞情緒，最後的結果是傷己、傷人、傷心、傷身。

並且，還有一個觸目驚心的事實告訴我們：情緒生病比身體生病更可怕！醫學證明：七六％的常見疾病都是情緒引起的！

值得慶幸的是，如今越來越多的人注意到，情緒並不是一件可以忽視的小事，如何採用有效的辦法去管理情緒，已經成了許多人亟待解決的問題。

但人的情緒波動像謎一樣，難以預測，更難破解。

這就需要你拿起《在憤怒的世界裡淡定地活著》這本書，從情緒的深層含義入手，合理地駕馭情緒，做情緒的真正的主人。

這本「最懂情緒」的書，對情緒產生的影響進行了有趣生動的說明，同時提出了情緒管理的有效辦法並且開創性地提出如何利用自己和他人情緒的辦法，輔以大量詳實的實例，或是歷史著名事件的再現，或是當代世間百態，或是偉人智者的妙語連珠，或是小人物們的處世之道，可謂是包羅萬象，博古通今。

讀者們完全可以在輕鬆的閱讀中加以推敲借鑑。

他山之石，可以攻玉，我們透過他人的成敗，可以更清晰地找出情緒管理的捷徑。

既然我們都不喜歡被壞情緒主導，也不願意自己在無意中傷害到自己所愛的人，那麼就有必要讀一讀這本書。

如果你想靜靜地工作、學習，卻總是被各種壞情緒糾纏不清；如果你想好好愛親人、孩子，卻總是忍不住大吼大叫；如果你想快樂與人相處，卻總忍不住和別人鬥氣，甚至大打出手……那麼，這本書就是專門為你而寫的。

在一個綜藝節目上，一個嘉賓形容他愛發怒的朋友時說：「他簡直就是一顆不停爆炸的炸彈！」這個比喻真是既精妙又可怕，想像一下，如果你本人成為這樣一顆「不斷爆炸的炸彈」，那該是一件多麼恐怖的事情啊！

為了不至於落入這般境地，那麼，打開此書，給看不慣的世界一個看得慣的理由，管理好自己的情緒來成就自己吧！

拒絕做踢無辜小狗的情緒病患者

在談論壞情緒之前，我們先來看一個有趣的故事：

有個小男孩被老師罵了一頓，心情非常不好，在路邊遇到一隻小狗，便狠狠踢了牠一下，嚇得小狗狼狽逃竄。

小狗無端受了驚嚇，見到一個西裝革履的老闆走過來，便汪汪狂吠。老闆平白無故被狗這麼一鬧，心情很煩躁，在公司裡逮住他的女秘書一點小小的過錯就大發雷霆。

女秘書回家後，越想越氣，把怨氣一古腦兒全撒給了莫名其妙的丈夫，兩人吵了一架，把以前的芝麻綠豆小事都抖了出來。

第二天，這位身為教師的丈夫如法炮製，把自己一個不長進的學生狠狠批評了一頓。

挨了罵的學生，也就是前面的那個小男孩懷著惡劣的心情放了學，歸途又碰見了那隻小狗，二話不說又一腳踢去……

讀過之後，相信你會忍不住發笑，故事用誇張的敘述展示了一條壞情緒的情緒鏈——每個人都是壞情緒的始作俑者，每個人也都是壞情緒的受害者。

其實，只要中間某個環節的人可以控制住自己的情緒，這個惡性循環就不會再繼續下去了。

可惜，我們都被壞情緒左右了心智，一旦發作，誰都有可能去踢那隻無辜的「小狗」。

近些年常見的一種情緒病叫「浮躁」——跟著前面的潮流跑，又被後面的潮流催趕得屁滾尿流。

人的個性完全淹沒在世俗的潮流之中，生活被日益濃烈的市場氣氛所籠罩，人格和行為都趨於市場化，成天想的就是怎樣把自己推銷出去，看苗頭、估行情，不斷順著社會行情進行自我塑造、自我改變……這樣活著怎麼能不累，怎麼能不被異化？

還有一種情緒病叫「沒意思」，也叫「鬱悶」——活著沒意思，死了也沒意思，結婚沒意思，單身也沒意思，上班沒意思，下班也沒意思……「既沒有真正的歡暢，也沒有刻骨的悲哀，好似六朝的駢體，雖然珠光寶氣，內裡卻空空洞洞。」現代人只要表面的珠光寶氣，誰還在乎內裡的空空洞洞呢？

這些情緒病的起源剛開始或許只是一小部分人，但誰也沒有料到，不到幾年越演越烈，竟然成了全民情緒。社會的因素不容忽視，但是人為的情緒交叉感染更是顯得迫在眉睫。

現代醫學告訴我們，大多數人的疾病往往會從不良的情緒、失衡的心理中產生。為此，人們應該像重視環境污染一樣，重視情緒病毒污染。

如今，情緒的問題已經越來越受到人們的關注，人們普遍而深刻地認識到了情緒的巨大作用。

我寫的《在憤怒的世界裡淡定地活著》這本書，就是為了讓讀者朋友懂情緒、駕馭情緒、做情緒的主人而出版的。

讀過之後，如果你開始用一個健康的心態面對生活，或許不可避免地也會產生負面情緒，但明白了情緒「蝴蝶效應」的危害，及時注意調整，防微杜漸，也就達到了目的。

也許，在嘗試了書中很多情緒管理方法之後，有的人會抱怨說：「怎麼回事，好像我的情緒並沒有得到任何改善。」索性自暴自棄，反正也改善不了了，就這樣算了。有的人甚至罹患了「情緒恐懼症」，一次改善不了，兩次改善不了，情緒更加容易波動，更加難於掌握。

有了這些現象也是正常的，那是因為你不相信自己有改變壞情緒的力量。

一個叫G．戈斯泰羅的小夥子，從加拿大軍隊退役了，那是在西元一九四六年，他搬進了尼亞加拉瀑布市。

安頓下來後，他立刻出去找工作，在安大略省水電委員會裡當上了機械師。

工作進展得很順利，他十分開心。

十八個月後的一天，老闆找到他說，有個好消息告訴他——他升職了，做班長，負責廠裡的重型柴油機。

「從那個地方、那個時候起，」戈斯泰羅先生說：「我開始擔心。我曾是一個快樂的機械師，但是當班長，對我來說，卻是個災難。身上的責任壓得我喘不過氣來。焦慮無時無刻不困擾著我，不管我是睡著了，還是醒著；也不管我是在家裡，還是在廠裡。

後來，我最擔心的事情終於來了，那是一個大事故。那天，我朝礫石坑走去，那應該有四台牽引車帶動四台巨大的削刮機在工作，但非常奇怪，周圍靜悄悄的。很快，我就明白了，四台巨型牽引車全壞了！

如果說我以前也擔心過什麼事的話，和那一刻比，全不算什麼。我的腦袋好像沸騰了，還咕嘟咕嘟地直冒泡。我找到經理，告訴他這個壞消息，說四台牽引車全壞了。我一口氣說完，等著經理狠狠的罵我一頓。

可是出乎我的意料，經理沒有發脾氣。他轉過身來，臉上掛著微笑，看著我說了三個字。假如我能活一千歲，我都不會忘了這三個字。它們是：「修好它！」

就在那個地方、那一刻，我所有的憂慮、害怕、擔心全部煙消雲散，世界又恢復了老樣子。我走了出去，抓起工具，開始修那幾台牽引車。

修好它，是多麼神奇的三個字啊，它象徵著我生命的轉捩點，它改變了我對工作的想法。從那天起，我每天都默默地感謝那位經理，是他讓我對工作不但有熱情，而且有了更堅定的信心，我知道，如果有一天什麼事搞砸了，我會親自出馬，把它們理順，而不是在那裡瞎擔心。」

正是由於那位經理非凡的意識，G．戈斯泰羅先生明白了，成熟人格要求我們具備採取行動的能力：做決定並實施它。

「修好它」這三個字正是一種堅定信念的表現，在遇到失敗或挫折時，假如我們有「修好它」的信心和勇氣，那麼最後的成功一定會屬於我們。

管理情緒不是一朝一夕就可以解決的問題，它需要我們堅定不移地去努力，三天打魚，兩天曬網，不用堅定的信念去克服它，那麼，就算讀再好的情緒管理書，找再好的專家，也只是痴人說夢。

再者，情緒的力量確實很強大，會貫穿於人的一生，所以短時間之內我們不可能會完全控制它，也正因為如此，當我們還沒有達到完美控制情緒的高度時也不用太過擔憂。

正如有一句話所說：「大海裡的船沒有不帶傷的。」我們被情緒所累本身就是一件很正常的事情。千萬不能因為一兩次的無法控制就認為自己沒有能力去管理情緒，形成「習慣性無助」。

我們要堅信，自己才是情緒的主宰，情緒管理的最高境界是自由自在。生活中不能沒有情緒，但可以在情緒的世界裡生活得更好！

〔目錄〕Contents

第三章　外表情緒的感測器

第四章　為情緒重新打包

第五章　六步走出情緒束縛

第一章

情緒，讓你歡喜
讓你憂

「事情怎麼會變成這個樣子？」

很多時候，我們都在追問這個問題。明明是一件好事，卻因為自己一時的頭腦發熱或者口無遮攔變得糟糕，甚至不可收拾。

這就是情緒的力量。

運用得當，能夠激勵你實現自己的理想、克服最嚴重的創傷，反之，會讓你因為小挫敗而動彈不得。

生命總是會帶來驚喜，也會帶給你痛苦。

如果不能有效運用和管理情緒這把「雙刃劍」，你就永遠不知道下一步它會給你帶來什麼。

第一節　情緒不是隨便「鬧」的

情緒看起來是小事一樁，但是，如果不注意控制它，那它就像埋藏在身邊的定時炸彈，一有火花，就會立即引爆。

「鬧情緒」是我們常常聽到的一個辭彙，它有很多表現方式：媽媽沒給孩子買最想吃的蛋塔，孩子鬧情緒了，小嘴噘得高高的不肯再說話；男朋友又失約了，女孩鬧情緒了，大哭大鬧不肯罷休；《紅樓夢》中的林妹妹更是個愛鬧情緒的高手，見到秋風落葉便要掩面哭泣，遇事不合心意，更是扭了身子就走……

適當的鬧情緒是可以的，比如男女朋友之間，鬧點情緒反而會為生活增添一些小甜蜜；跟爸爸媽媽鬧鬧情緒，也許真可以得到自己想要的東西。但是，如果不顧場合的亂鬧情緒，就會招人厭惡了。

小蓮是個溫柔美麗的女孩，就是有些多愁善感。

但張明就是喜歡小蓮的多愁善感，他覺得這樣才符合一個女孩子含蓄矜持的特點，而且，小蓮平時鬧鬧情緒，發發小脾氣，張明也覺得挺可愛的。

可是有一天，張明真覺得忍無可忍了。

那天，大學同學結婚，張明帶著小蓮去參加婚禮。

和同學很多年沒見，恰逢婚禮更是喜上加喜，張明就多喝了幾杯，一時冷落了小蓮。

小蓮悶悶不樂地坐在角落裡。

張明意識到她的情緒不好，趕緊跑過來跟她說好話，讓她體諒一下自己的心情，不要發脾氣。

誰知小蓮還是不理不睬，臉上始終跟結了一層冰似的，一點微笑都沒有，雙方都陷入了僵局。

這時，張明的同學偕同妻子過來敬酒，於情於理，這都是無法拒絕的事情，張明笑呵呵正要接過新娘的酒，小蓮忽然一把打掉了酒杯，大聲斥責：「都喝成這樣了，還喝啊！」

這樣一來，新郎新娘面露尷尬，周圍桌上的人紛紛往這邊投來異樣的目光，張明也覺得臉上掛不住，忍不住給了小蓮一巴掌。

小蓮大哭起來跑了出去，整個婚禮都有些混亂了，事後，張明和小蓮分手了。

不分場合的亂鬧情緒最後導致相愛的兩人以分手收場，這真是讓人覺得可惜。但是，誰也沒有勇氣去接受這樣一個不會控制情緒的人來和自己相伴終生吧。朋友、家人雖然會因為寵愛你而放任你一次兩次的鬧情緒，但時間久了，也會讓他們覺得不勝其煩。與自己親近的人鬧情緒尚且會造成這樣的問題，而在職場上，對那些根本沒有義務照顧你的情緒的同事或者顧客鬧情緒就更顯得幼稚可笑，所引起的不良後果也會更大。在服務業，老闆們最怕員工情緒失控。

餐飲行業中流行這樣一句話：「如果你想讓一家飯店或餐廳關門，最有效的辦法就是放幾個臭臉的櫃檯。」不管主廚手藝多麼出眾，服務人員臭著臉絕對足以讓客人倒盡胃口，永不再回來。反之，一笑遮百醜，彬彬有禮，笑容可掬的服務人員會讓客人忘掉飯店的不足之處。因此，就服務人員而言，情緒管理是絕對重要的。

溫蒂是紐約飯店的總監，記得有一年她在別家飯店開會時，最心愛的 LV 皮包和公事包竟被偷走了，所有的現金、證件與重要客戶的資料全不見了，心情自是十分懊惱，欲哭無淚。

晚上回飯店工作前，她獨自在辦公室靜坐了五分鐘後，試著將自己沮喪的心情「鎖」起來，換上一張笑臉趕去參加麥克．道格拉斯當天的影片慶功宴。

當麥克．道格拉斯熱情地親著她的臉頰時說：「嗨！溫蒂，妳今天過得如何？」溫蒂熱情地回他一個燦爛如陽光般的笑容說：「喔！非常好，好得不能再好！」

這天的宴會舉行的非常成功，溫蒂也順利地接觸到更多的客戶，認識了更多的朋友。

試想，如果那天她不能及時調整情緒，繼續沮喪下去，不去這場宴會或者在宴會上不斷抱怨自己遇到的倒楣事，這將會造成多麼惡劣的影響：錯過了與客戶接觸的機會，也間接的影響了眾人對飯店的印象。

工作在第一線的人員，如銀行櫃檯、客服人員、公司總機、銷售人員，他們能不能將近日被男朋友拋棄的哀怨或今早與老婆吵架的怒氣隱藏起來，給客戶宜人親切的笑容，將可能決定今天公司營業額的好壞。

在職場上鬧情緒將還有一個更直接的影響是：它將使你沒有合作夥伴！而在這個講究合作團結的社會裡，沒有合作夥伴就意味著你將一無所有。

有一位義大利籍的名廚十分情緒化，高興起來可以又親又抱，左一句甜心、右一句蜜糖，讓人聽了心裡暖洋洋的，但是千萬別惹他發火，三十秒內，他可以將英文的髒話全部罵過，意猶未盡，再加上很多義大利文的髒話，翻臉比翻書還快，搞得大家都對他敬畏三分。

他的脾氣猶如一匹野馬，完全無法控制，廚房的員工因受不了他的脾氣，流動率極高，外場經理也因為難以和此主廚配合，換了又換。

但是，飯店的主管覺得他廚藝過人，做的菜客人吃過之後都會讚不絕口，而且還會利用很普通的材料做出很多有新意的菜餚來，並且聰敏、肯拼、肯做。基於這些原因的考慮，主管還是睜一隻眼閉一隻眼，隨他去了。

有一天，一位新來的服務生觸怒了主廚，主廚訓斥他的時候，服務生居然也和他對罵起來了，廚房裡一時變得一團糟。更讓人瞠目結舌的是，主廚居然拿出切肉的刀子要跟服務生拼命。

這下，事態嚴重了。主管只好開除了他。

一個優秀的大廚因為愛鬧情緒而丟了飯碗，應該是他絕對沒有想到的。

以此為誡，工作人應該隨時提醒自己的是：沒有人有責任或者義務來忍耐你，遷就你！隨著企業規模的日益龐大，企業內部分工越來越細，任何人，不管他有多麼優秀，想僅僅靠個體的力量來左右整個企業都是不可能的，沒有人可以超然的出世不與別人合作。

大廚不克制自己的情緒隨便亂發脾氣，只會讓周圍的人對他敬而遠之，無法真正的與他溝通，也就無法做到和諧的配合。當公司裡所有的人都與他配合不好，這當然就是大廚個人的原因，被公司開除自然也是情理之中的事情了。

情緒看起來是小事一樁，但是，如果不注意控制它，那它就像埋藏在身邊的定時炸彈，一有火花，就會立即引爆。

約翰・米爾頓說：「一個人如果能夠控制自己的激情、欲望和恐懼，那他就勝過國王。」如果你是個成熟理智的人，如果你是個力求上進的人，如果你是個希望攀登事業高峰的人，那麼，隨時記住：情緒不是隨便「鬧」的，管好你的情緒，不要讓它隨便撒野！

在下面的內容當中，我們選取了四個在現代生活中比較流行的情緒：樂觀、憤怒、恐懼、鬱悶，來看看它們對我們的生活有什麼影響。

第二節

樂觀會讓你走得更遠

一個隨時保持樂觀情緒的人，才會擁有充滿自信的心智，而樂觀的情緒更能激發一個人的奮發精神，讓他更加有自信的面對未來，更加有效的去解決問題。

什麼樣的人才是最受歡迎的員工呢？

根據最近流行的情緒管理理論，「樂觀」與「希望」是最好的人格特質。加強這方面的心理建設與學習，可以強化個人的能力，增進工作效能。

《EQ》一書的作者丹尼爾•高曼指出，從情緒管理的角度分析，樂觀的情緒使人不至於產生無力感、冷漠，做事較有自信，比較能經得起打擊、挫折。樂觀的人在求職失敗的時候，大多會積極的擬定下一步計畫和尋求協助，認為挫敗是可以補救的。反之，悲觀的人一旦求職失敗，就覺得一切都沒希望了。社會新鮮人在求職的過程中，難免有挫折，甚至沮喪、失敗的感覺。如果剛進入社會時就學習控制、管理情緒，積極培養「樂觀」與「希望」的人格特質，無形中可增進自己的能力，這也是企業最需要的人格特質。

美國有家鞋廠為了開發市場，就派業務員前往非洲考察當地的需求量。甲業務員考察回來，立刻晉升為主管；乙業務員考察回來，卻從此被冷落在一旁。同樣去非洲考察，為什麼會受到不同的待遇呢？

原來，乙業務員到了非洲，當天就發了一封電報回廠報告。電報的內容是：「完了！一點希望也沒有，因為這裡的人都不穿鞋子。」

而甲業務員到了非洲，當天也發了一封電報回廠報告，電報的內容則是：「太好了！這裡真是商機無限，這裡的人都沒有鞋子穿！」

同樣的事，不同的態度，不同的看待，產生了不同的結果。甲業務員敏銳的從當地人不穿鞋子而看到巨大的市場，樂觀的情緒促使他會積極發揮自己的才智去創造機會。

樂觀的情緒是動力的助長器，據醫學雜誌表明，樂觀的情緒可以刺激大腦前額葉的發達，而大腦前額葉的發達可以刺激人的思維運轉得更為迅速。

正如華盛頓所說的：「一切的和諧與平衡，健康與健美，成功與幸福，都是由樂觀與希望的向上心理產生與造成的。」

有一個悲傷的小男孩，他認定自己就是這個世界上最不幸的人。

他因為患脊髓灰質炎而留下了瘸腿和參差不齊且突出的牙齒。

所以，他很少與同學們遊戲或玩耍，老師喊他起來回答問題，他也低著頭一句話也不說。

在一個平常的春天，小男孩的父親從鄰居家討了一些樹苗，他想把它們種在房前。

他把孩子們叫了過來，對他們說，誰種的樹苗長得最好，就給誰買一件最喜歡的禮物。

小男孩也想得到父親的禮物，但看到兄妹們蹦蹦跳跳提水澆樹的身影，心裡居然萌生出一種陰冷的想法：希望自己種的那棵樹早點死去。

因此，澆過一兩次水後，再也沒去搭理它。

幾天後，小男孩再去看他種的那棵樹時，驚奇地發現小樹不僅沒有枯萎，而且還長出了幾片可愛的新葉子，與兄妹們種的樹相比，顯得更嫩綠、更有生氣。

父親兌現了他的諾言，為小男孩買了一件他最喜歡的禮物，並對他說，從他種的樹看來，他長大後一定能成為一名出色的植物學家。

從那以後，小男孩慢慢變得樂觀向上起來。

一天晚上，小男孩翻來覆去睡不著覺，忽然想起生物老師說過植物一般都在晚上生長，就起身準備去看看自己的小樹會不會也在晚上長出一節來。

當他輕手輕腳來到院子裡時，卻看見父親用勺子在向自己栽種的那棵樹下潑灑著什麼。

頓時，他一切都明白了，原來父親一直在偷偷地為自己栽種的那棵小樹施肥！

瞬間，他的眼淚悄悄流了下來。

幾十年過去了，那瘸腿的小男孩雖然沒有成為一名植物學家，但他卻成為了美國總統，他的名字就叫富蘭克林．羅斯福。

富蘭克林．羅斯福的成功是何等神奇、偉大！先天加在他身上的缺陷又是何等的嚴重，但他卻能毫不灰心地努力下去，直到成功的日子到來。我們可以看到，保持樂觀的情緒對人的影響有多麼大。正是因為樂觀，羅斯福可以鼓起了生活的勇氣，不因自己的缺陷而氣餒，他甚至加以利用，變其為資本、扶梯而爬到成功的巔峰。

在他的晚年，已經很少有人知道他曾有嚴重的缺陷。美國人民都愛他，他成為美國第一個最得人心的總統，這種情況是以前未曾有過的。不難想像，如果他一直悲觀，消沈下去，他將仍然過著以前那種昏暗無光的日子，沒有理想、沒有力量、沒有前途，直至死亡那一刻。

一個隨時保持樂觀情緒的人，才會擁有充滿自信的心智，而樂觀的情緒更能激發一個人的奮發精神，讓他更加有自信的面對未來，更加有效的去解決問題。

二戰期間，一位名叫伊莉莎白·康黎的女士在慶祝盟軍在北非獲勝的那一天收到了國際部的一份電報，她的侄兒——她最愛的一個人死在戰場上了。

伊莉莎白·康黎無法接受這個事實，決定放棄工作，遠離家鄉，把自己永遠藏在孤獨和眼淚之中。

正當她清理東西，準備辭職的時候，忽然發現了一封幾年前寫好的信，信封上寫著：康黎姑姑收。

信裡面這樣寫道：我知道妳會撐過去。我永遠不會忘記妳曾教導我說，不論在哪裡，都要勇敢地面對生活。我永遠記著妳的微笑，像一個男人一樣，能夠承受一切的微笑。

她把這封信讀了一遍又一遍，似乎親愛的侄子又回到自己的身邊，正用熾熱的眼睛望著她：妳為什麼不照妳教導我的去做？

康黎打消了辭職的念頭，一再對自己說：我應該把悲痛藏在微笑下面，繼續生活，因為事情已經是這樣了，我沒有能力改變它，但我有能力繼續生活下去。

人生是一張單程車票，一去無返。在荷蘭首都阿姆斯特丹一座十五世紀的教堂廢墟上留著一行字：「事情是這樣的，就不會那樣。」陷在痛苦泥沼裡不能自拔，只會與快樂無緣。告別痛苦的手得由你自己來揮動，享受今天陽光的捷徑只有一條：堅決與過去分手。

人的一生，總避免不了要遭遇種種的困難和失敗，有的人因為一時的失敗就心灰意冷，一蹶不振。這樣的做法是不可取的，人生需要放眼長遠，超越成敗得失，更加有自信的面對未來。每一次失敗，都是一次超越的機會，消極的面對就會把一個人的活力與成長力剝削殆盡，變成行屍走肉。

只有用樂觀的情緒去笑對這一切，才會走的更遠！

第三節

憤怒是魔鬼

憤怒的情緒鬱結於心產生如此之大的力量，如果發洩出來，就會如火山爆發，造成難以估計的損失。憤怒者的雙眼裡只燃燒著報復的焰火，而不顧任何的後果。

憤怒是一種常見的消極情緒，它是人對客觀現實的某些方面的不滿，或者個人意願一再受到阻礙時產生的一種身心緊張狀態。在人的需要得不到滿足，遭到失敗，遇到不平，個人自由受限制，言論遭到反對，無端受人侮辱，隱私被人揭穿，上當受騙等多種情形下人都會產生憤怒情緒，憤怒的程度會因誘發原因和個人氣質不同而有不滿、生氣、惱怒、大怒、暴怒等不同層次。

憤怒是一種短暫的情緒緊張狀態，往往像暴風驟雨一樣來得猛、去得快，但在短時間內會有較強的緊張情緒和行為反應。

憤怒會使人賠上自己的聲譽、工作、朋友及所愛的人，以及心靈的寧靜、健康，甚至失去自我。

釋迦牟尼曾經談及憤怒的破壞力，當一個人生氣時，會有七件事情降臨在他身上：

一、雖然刻意裝扮，依然醜陋不堪。

二、雖然睡在柔軟舒適的床上，依然疼痛纏身。

三、誤把善意作惡意，錯把壞人當好人，做事魯莽不聽勸告，導致痛苦與傷害。

四、失去辛苦賺來的錢，甚至誤觸法網。

五、失去勤勉工作得來的聲望。

六、親友形同陌路，不再同你為伍。

七、死後將轉世投胎到畜生道，因為一個任怒氣駕馭自己的人，身心及言語皆表現得不健全，而造成令人惋惜的結果。

這七種親痛仇快的不幸，就是憤怒帶給人的後果。

憤怒是醜陋的，而且是一種具破壞性的情緒，蟄伏在人心，伺機操縱人的生活。因此，無法克制的怒氣，往往成為傷害身心至深的本源。

人在憤怒中，交感神經興奮，心跳加快，血壓上升，呼吸急促，所以經常發怒的人易患高血壓、冠心病等疾病。憤怒還會使人缺乏食欲，消化不良，導致消化系統疾病，而對一些已有疾病的患者，憤怒會使病情加重，甚至導致死亡。可以說，憤怒的情緒如同銀行的存款可以生息，貯存在心中的怒氣，他日會累積成痛苦的根源。

一曲《念奴嬌・赤壁懷古》唱出了多少英雄豪傑，其中有這麼一句「遙想公瑾當年，小喬初嫁了，雄姿英發……」說的正是吳國的大將周瑜，風流倜儻，博學多才，國之棟梁。本應為國家再建奇功，和愛妻執手偕老，沒想到，年僅三十六歲就撒手西去。

小說記載，罪魁禍首就是諸葛亮，而直接原因則是諸葛亮三氣周瑜，引發他的箭傷，鬱鬱而終。

一氣：智取南郡。赤壁大戰的第二年，周瑜去奪取南郡，被諸葛亮搶先奪去。

二氣：孫劉聯姻。周瑜本想藉著孫權的妹妹嫁給劉備，把劉備扣留做人質，逼諸葛亮交出荊州，不料諸葛亮用計使周瑜「賠了夫人又折兵」。

三氣：假途滅虢。周瑜向劉備討還荊州不利，又率兵攻打失敗，「假途滅虢」之計又被諸葛亮識破。臨死的時候偏偏又收到諸葛亮的一封信，氣得渾身直哆嗦，大叫一聲「既生瑜，何生亮！」硬是被活活氣死了。

後來，在民間流傳一句歇後語「諸葛亮三氣周瑜，小菜一碟」。一代英豪因為此事而落下千古笑柄，真是讓人無限惋惜。一世英傑，沒有死在衝鋒野戰之中，卻被諸葛亮的三寸之舌給活活氣死。對常人來講，過度激烈的情緒反應，也許會因調劑失當而導致身心一時的不適。但是，對於周瑜這樣一位三軍都督，卻因為生氣而斃命，我們能不深思一番嗎？

憤怒的情緒鬱結於心產生如此之大的力量，如果發洩出來，就會如火山爆發，造成難以估計的損失。憤怒者的雙眼裡只燃燒著報復的焰火，而不顧任何的後果。

俗語說：「一個憤怒的人只會破口大罵，卻看不見任何東西」。再加上外界的刺激，憤怒的情緒會燃燒得更為熾熱，尤其是情緒的背後還有欲望作祟。在盛怒的當下，人會失去理智，變成傷人傷己的「危險動物」。

有一次，成吉思汗帶著一群人出去打獵。

他們一大早便出發，可是到了中午仍然沒有收穫，只好意興闌珊地返回帳篷。

成吉思汗心有不甘，隨後又帶著皮袋、弓箭以及心愛的飛鷹，獨自一人來到了山上。

烈日當空，山路崎嶇，成吉思汗覺得口渴難耐。當他走到一個山谷裡的時候，終於發現有泉水從上面一滴一滴地流下來。他非常高興，就從皮袋裡拿出一個金杯，耐著性子去接一滴一滴的水，當水接到七、八分滿的時候，他高興地把它拿到嘴邊，就在這個時候，鷹忽然衝下來用翅膀打翻了杯子。

成吉思汗非常生氣，但是他太喜歡這隻鷹了，就沒捨得懲罰牠，而是拿起杯子重新接水。當水又再次快有七、八分滿的時候，愛鷹忽然又衝了下來打翻金杯。

成吉思汗終於按捺不住心中的憤怒，他一聲不響地拾起金杯，再從頭接一滴滴的水。當水接到七、八分滿的時候，他悄悄取出尖刀，拿在手裡，然後把杯子慢慢移近嘴邊。愛鷹再次向他飛來的時候，成吉思汗迅速舉起刀，把鷹殺死了。

不過，因為他精神全部集中在殺鷹上，一個不留神，金杯掉進了山谷。成吉思汗非常沮喪，轉念一想：既然有水滴下來，上面就肯定有水源。他奮力爬了上去，果然，發現那裡有一個蓄水的池塘。

成吉思汗正準備彎下身子喝個飽，忽然發現池邊有一條大毒蛇的屍體。他這才恍然大悟：原來，愛鷹是救了他一命啊！

成吉思汗非常後悔，將愛鷹的屍體帶回去命人厚葬。

因為無法控制自己的憤怒，成吉思汗永遠失去了如此忠實於主人的愛鷹。明末吳三桂「衝冠一怒為紅顏」，帶著清軍入關，顛覆了一代王朝，改寫了中國歷史！現代生活的「怒」，輕則危害自己的身體健康，重則損壞財物，傷害他人，憤怒的情緒是多麼的巨大！而一個可以有效管理情緒的人，他有力量在發怒的前一秒去迅速考慮事態的後續結果，從而避免事態的繼續發展。

如果我們能在日常生活中及時克制自己的憤怒，及時從憤怒的情緒中跳脫出來，就不會被憤怒這個魔鬼所左右。

第四節

與生俱來的恐懼

恐懼的情緒初期表現為緊張，然後擔心、迷惑，進而導致手足無措，對眼前的事情把握不了方向，嚴重的即會引起「社交恐懼症」。

恐懼的情緒是人與生俱來的情緒。剛剛從母體中分離出來的嬰兒，第一個反應就是啼哭。脫離了母體的保護，面對一個陌生未知的世界，一個軟弱無力的孩子出現恐懼的情緒本來就是一件再正常不過的事情。

那麼，我們可以讓這種恐懼一直延伸下去嗎？如果恐懼一直貫穿於我們的生活，將會造成怎樣的影響？

在某知名外商公司工作的吳小姐給我們娓娓道來她年輕時的一個故事：

畢業前夕，我參加的英文升級班要學生輪流上臺接受兩名外籍教師的即席口試。

儘管事先應該有考題可供參考，但我當時因為恐懼，又抱著不敢面對現實與僥倖的心情，竟然什麼也沒準備就去應考了。

教師們先和我在臺下寒暄幾句，接著要我走上臺，把他們當觀光客，像導遊一樣為他們介紹校園。

我站在偌大的講臺上，望著臺下認真注視著我的兩雙眼睛，張開發抖的雙唇，連「嗨」都說不出來。半分鐘不到，我被請下臺，滿臉通紅地回到先前的坐位上，準備繼續考試，卻聽教師們淡漠地說：「不必，妳可以走了，考試結束。」而這時，我進教室還不到五分鐘。

很奇怪，我竟然不記得那堂課最後我的成績如何，也許我根本沒有勇氣去看。但我記得那時已過中餐時間，我走出考場，避開所有認識的人，走進學生餐廳，因為我還沒吃午餐，卻想向自己證明沒發生什麼大不了的事。於是，我隨便點了幾樣東西，趁著人潮散去，走到餐廳最裡面空無一人的長桌旁坐下吃飯。

一滴，兩滴，三滴……淚水靜靜地從臉頰滑落，我停下來發出幾聲抽搐的聲音，又低頭繼續吃。

我還想到未來的許多可能，但都不是太光彩的預測。

忘了那天如何結束，但我記得後來有個很深刻的感覺：「也好，這輩子要再碰到這麼難堪的事也不太容易，我還活著，不是嗎？」

從此以後，我學會在逃避和嚇死自己之前，及早跨出一步做好心理和各項準備。因為在這事件以後，我見識到恐懼的力量可以如何吞噬人的自信與判斷能力。

吳小姐當時的難堪，想必每一位曾經走上講臺，但就是說不出話來的人們心裡都深有體會吧。恐懼的情緒會讓你的大腦幾乎停止轉動，所有的才能都無法真正的發揮出來。職場上去面試的時候恐懼，也勢必會給面試官留下沒自信的印象。

恐懼的情緒初期表現為緊張，然後擔心、迷惑，進而導致手足無措，對眼前的事情把握不了方向，嚴重的即會引起「社交恐懼症」。

根據權威機構公布的一份醫學研究報告，約七%的美國人可能患有社交恐懼症。對患有此種心理疾病的人而言，在公共場合發言、見陌生人都是可怕的經歷。經過對近兩千人的採訪，調查人員發現，有一五%的人對公開演講感到恐懼，是最普遍的症狀。有四%的人對在能被別人看見的地方用餐感到恐懼，這大概是最罕見的一種社交恐懼了。大約有六〇%的被調查者稱自己沒有社交恐懼，而二八%的人則承認至少有一至三種社交恐懼症狀，約三%的人有七種以上的症狀。

「社交恐懼症」通常發病於青少年期，男女都可能出現。青少年渴望友誼，希望廣交朋友，但有些青少年一接觸到具體交往時，如找人交談，或者別人與自己打交道時就會出現恐懼情緒，表現為不敢見人，遇生人面紅耳赤，神經處於一種非常緊張的狀態，嚴重者甚至拒絕與任何人發生社會關係，把自己孤立起來，對日常工作和學習造成極大障礙。

總被恐懼情緒控制的人一般性格比較內向，不愛與人打交道，長此以往的沈默下去，最後就會導致恐懼情緒成為一種慣性，越來越對外面的世界產生迷惑，對自身的能力產生懷疑。

但是有時候，對於一些本來樂觀向上的人來說，如果不注意調適內心的情緒，當遇到一些外界的刺激時，同樣可以誘發出他們心裡的恐懼。

活潑可愛的玲達從國內一所知名大學畢業，進入一家行政機關工作。

沒工作幾天，玲達發現機關跟大學的生活真是天壤之別。

在學校裡，每天就是上上課，沒有生活壓力，很多事都可以隨性去做，閒的時候還可以跟貼心的朋友一起說說話，出去玩。可是一開始工作，全變了。每天都在擔心工作會不會出錯，而且同事間的關係都比較冷漠，大家都只操心自己的事，誰也不會多關心別人一下。玲達的上司更是讓她覺得頭痛。

玲達的上司是部門裡出了名的「刁鑽難纏」，仗著跟公司的高層有些關係，在部門裡說一不二的。

玲達本來是處處小心的，沒想到還是不小心觸怒了她。

有一次，上司生病，玲達有一份文件急需簽署，正好，副總來這邊視察，玲達情急之下就直接把手頭的文件拿給副總簽了，忘了給上司打招呼。

事後，上司逢人就說玲達只顧著邀功取寵，居然直接找上級主管，明明就是不把她放在眼裡，並且事事挑剔，處處讓她為難。

玲達的怨氣無處發洩，同事們也因為上司的原因不跟她多說話。玲達漸漸覺得與人溝通怎麼是如此難辦的一件事情，慢慢地也不大跟人說話，性格也開始孤僻了起來，一遇到事情就畏手畏腳，不敢去做。

最後，在考核中，她被淘汰了。

這種後期的「社交恐懼症」正是許多剛畢業的學生的通病。一邊是無憂無慮的學校生活，一邊是競爭激烈暗藏殺機的職場生活，這兩邊的差距確實很大，若對情緒的掌控不夠及時和有效，便會導致他們在從學生轉變到職員的這個期間，產生了巨大的心理落差，從而形成這樣的情緒病。

英國神學家詹姆士・李德說：「為了實現完滿的人生，需要我們做的第一事情就是去獲得控制恐懼的力量。」

一個恐懼的人，他在面對事情時會更加沒有自信，不再相信自己的力量，也不再相信未來可以真的在自己手中有所改變。

其實，恐懼的力量雖然很真實，但唯有當我們臣服於它，自動將自己交在它手中時，它才能控制我們。

如果我們勇敢面對，到頭來就會發現我們需要的不過是多一點堅持、多一點承認自己缺點的勇氣，以及一顆堅強的心臟而已。

第五節

無法釋放的鬱悶

鬱悶的情緒如果不能得到及時控制，人就會在這種放縱中更加找不到前進的方向，從而產生惡性循環，鬱悶、鬱悶再鬱悶，而「將鬱悶進行到底」又會導致其向「憂鬱症」方面發展。

在不斷翻新的流行詞裡，「鬱卒」一詞經久不衰。男女老少時常都會蹦出這麼一句：「鬱卒死了。」

「這一年來，我總被一種失落的情緒壓抑著，總有一種莫名的憂傷向我襲來，對生活總是提不起精神。」

「即使臉上帶著笑容，心情也常常無法抑制地跌落到消沈的境地，有時候是無意識、不自知，有時候是意識到了也不願承認、不願面對、不願改變。」

以上就是幾位鬱悶中人的真情告白，我們可以總結出鬱悶情緒的具體表現：萎靡不振，做什麼都提不起精神，有氣無力，儘管心裡知道這種情況不好，但是仍然找不到可以突破的缺口，就像梅雨季節，綿綿細雨不緊不慢的下著，看似不會造成大的危害，但卻慢慢使人有怨氣發不出的感覺，重重的壓在心裡面。

任菲滿懷雄心壯志進入北部的一家廣告公司作文案企劃。可是，不到一個月，在同學聚會上，她看起來很難過，做什麼事都有氣無力的樣子，跟以前的活潑好動簡直形成了天壤之別。

到底是什麼原因呢？

經過同學們耐心詢問才知道，原來，她一直覺得跟公司格格不入，別的員工都是有一年以上的工作經驗，很少有人願意幫她。而且產品經理也總是一副不信任她的樣子，從來不把一些重要的工作交給她做，只是作一些簡單的文字工作，大多的時間都無所事事。

任菲迫切希望早一點得到表現機會，於是懇求經理可以多給自己派點工作，結果經理卻誤會了任菲的意思，認為她缺乏主動性，在會議上狠狠批評了她一頓。

任菲覺得非常委屈，自己想做事可是又被人誤會成這樣，不免更加鬱結在心。

一個月不到，平時活潑開朗的任菲一天天消沈下去。本以為到了社會上可以大展身手，沒想到卻被「冷藏」，任菲真是鬱悶到了極點。

有人說，鬱悶的情緒其實沒什麼大不了的，擱置一下，那股說不清楚道不明白的勁兒過去了，不用多久就會好了。而且鬱悶的時候，就是無所謂悲，無所謂喜，無所謂怒或憂，這不正好嗎？這不正是我們提倡的「心態平和」嗎？

其實，這種想法是不對的，請看下面這個實驗的結果：

某一天，有一個人突發奇想：青蛙的適應能力怎麼樣？

第一次試驗：他把青蛙放在四十到五十度熱水裡，青蛙一時無法忍受，立即跳出來。

第二次試驗：他把青蛙放在冷水鍋裡，青蛙自由自在地在水裡游。然後他在鍋底下徐徐加熱，鍋裡的水溫上升到五十度時也未見青蛙跳出來，他感到很奇怪，繼續加熱，最後青蛙死在鍋裡。

你可能會覺得奇怪，青蛙和鬱悶的情緒有什麼關聯呢？仔細想一下，泡在慢慢升溫的水裡面是不是就像鬱悶的情緒到來時的感覺呢？水在升溫，細微的撩撥著你的神經，於是慢慢麻木，不再想去掙扎。鬱悶的情緒就是這樣，它不會像上文中提到的憤怒、恐懼那麼來勢洶洶，而是在時間的累積中不停地消磨你的鬥志，當危難降臨的時候，甚至連反抗的力量都沒有了。

鬱悶可說是介於憂慮和憤怒之間的情緒，憂愁，似乎找不出憂愁的理由；憤怒，又沒有達到那種劇烈的程度，這種說不出來的感覺正是鬱悶最惱人的地方。這種情緒長期下去，輕則會讓人精神恍惚，思維不集中，嚴重的則會轉換為憂鬱症等心理疾病。

王剛是一個各方面條件都很不錯的小夥子，長的帥，家裡經濟條件也很好，自己也有一份固定的工作。很多年輕女孩子對他的第一印象也都不錯，可是，一連三、四個女孩都是跟他交往不到一個月就分手。

王剛完全不明白這是怎麼回事。

最後一個跟他分手的女孩在走的時候丟給了他一句話：「我覺得你沒有事業心，一點都沒有年輕人該有的衝勁！」

這麼一說，王剛還是不明白。但是，王剛的朋友一聽女孩這個理由，有些恍然大悟了。因為，王剛給人的感覺正是這樣。

王剛在公家機關上班，基本上沒有什麼大事，平時也就是簽署一下文件，開開會什麼的。每個月的薪資不少拿，家裡邊老人家健健康康的，自己也即將買房買車了，可是他忽然覺得生活沒什麼希望了，鬱悶這個詞成了他的口頭禪，對什麼事也提不起精神來了。

女朋友勸他去換個有挑戰性的工作，他說沒那個勁頭了；女朋友提議出去玩，他說沒心情，就算被硬拖出去，他一路上也是低著頭，有一句說一句。

這個狀態，有哪個女孩子受得了呢？說他沒有事業心也是情理之中的事情了。

經過朋友的這番提醒，王剛終於有些明白，後悔的連連搖頭。

鬱悶的人往往覺得這只是情緒的一點小小波動，就任由它發展。鬱悶的生活就如同一把「軟刀子」，正是這種軟刀子，足以把一個自信的人變成自卑的人，把一個自尊心很強的人，變成可以去接受嗟來之食的人。鬱悶的軟刀子，真是讓你既無奈又無助。而鬱悶的情緒如果不能得到及時的控制，人就會在這種放縱中更加找不到前進的方向，從而產生惡性循環，鬱悶、鬱悶再鬱悶，而「將鬱悶進行到底」又會導致其向「憂鬱症」方面發展。

憂鬱症，也被稱為「心的感冒」，近年來，在高壓力社會中，幾乎已成為最流行的精神文明病，而世界衛生組織將其與癌症並列為下個世紀最需要預防，也最盛行的疾病之一。世界衛生組織等的研究顯示，平均每一百人中就有三人患有憂鬱症，其中因為憂鬱症所帶來的身體疾病，甚至自我毀滅的例子更是比比皆是。

東森新聞報導：臺大醫學院精神部曾針對全臺一萬多名十至十八歲學生調查發現，約有一〇％的少年以及一八％的少女，在受訪時表示過去一個月內曾有過自殺意念。

此外，在自殺盛行率方面，有高達六％的少女曾經企圖自殺，少年則是〇・三四％；青年自殺死亡率統計指出，青年自殺成功者中，男性足足是女性的二至三倍，顯示女性自殺意念雖高於男性，但男性自殺的成功率卻遠高於女性。

臺大醫院精神部教授丘彥南指出，雖然大家都曉得兒童及青少年也會罹患憂鬱症，但年齡越小，越不易被察覺及認定，學齡前兒童若罹患憂鬱症，可能會表現出冷漠或不快樂的神情，甚至出現拒食、躁動不安、哭鬧或發展遲緩等現象，卻難以藉語言陳述出內在的情緒感受。

憂鬱症是一種涉及生理、心理、情緒和思想的疾病，不僅影響正常的生活，也會影響人與人之間的感情和對事情的看法。

憂鬱症不同於暫時性的心情沮喪，如沒有有效治療，症狀會持續數周、數月，乃至數年之久，其症狀包括：

一、感到悲傷和空虛。

二、對各種活動提不起勁或興趣。

三、感覺沒有價值或有罪惡感。

四、沒有食欲，體重減輕。

五、失眠或嗜睡。

六、容易疲勞。

七、無法集中注意力。

八、有死亡或自殺的念頭。

前七條症狀幾乎就跟鬱悶時候的表現是一樣的，這真是令人不寒而慄。情緒本來就是可以互相轉換的，而鬱悶更是把所有情緒都摘取一點融入其中，一經激化，就勢不可擋了。

二〇〇三年四月一日晚上六時四十一分，香港演藝圈的「大哥大」級人物張國榮，在香港中環的文華酒店跳樓身亡。據稱，時年四十六歲的張國榮在現場留下遺書，表示自己深受情緒困擾。

事後新聞中提到，張國榮很早以前就患有嚴重的憂鬱症，幾年來藥物的治療還是無法真正改善他的心理健康，終於導致了這次的自殺。

張國榮不僅為大家留下了無數動聽的旋律，在影視上更是樹立了不朽的豐碑，《霸王別姬》、《東邪西毒》、《春光乍現》等多部優秀電影中塑造的人物成為電影界難以逾越的高峰。一代明星就這麼離去，歌壇上少了一位優秀的歌手，演藝界少了一位優秀的人才，影迷歌迷的世界裡也不再完整，時至今日，還有很多的影迷們為之扼腕歎息。但是，死者已逝，人何以堪！

鬱悶的情緒實在是不容小覷，「星星之火，可以燎原」，尤其在現代這個快速發展的社會裡，我們更應該時時檢查自己的情緒變化並採取對應的措施，萬萬不能因為事小而不去重視，結果走到無法挽回的地步。

第二章

揭開情緒的面紗

人非草木，孰能無情？

我們的生活充滿著情緒，有時欣喜若狂，有時焦慮不安，有時孤獨恐懼，有時滿腔怒火，有時悲痛欲絕，有時舒適愉快……

這一切使我們的生活時而陽光燦爛，時而陰霾密布，時而晦澀呆板，形成了一個五彩繽紛的心理畫板。

前一章中，我用實例揭示了生活中常見的幾種情緒，也對它們所能造成的影響進行了闡述，那麼，情緒到底是什麼東西，它從哪裡來，又為何會產生那麼大的影響呢？相信這樣的疑問始終會在讀者的腦海中揮之不去，下面我就對情緒來一次「望、聞、問、切」！

第一節

中外研究看情緒

情緒複雜而且類別眾多，不僅強弱不同還各有千秋。

首先，我們來翻一下書籍，看看詞語中情緒的解釋到底是什麼。

《國語字典》：情緒是外界事物所引起的愛、憎、愉快、不愉快、懼怕等的心理狀態。

《現代漢語詞典》：情緒是人從事某種活動時產生的興奮心理狀態；或指不愉快的情感。

《牛津英語字典》：情緒是心靈、感覺或感情的激動或騷動，泛指任何激越或興奮的心理狀態。

《EQ》：情緒是指感覺及其特有的思想、生理與心理的狀態及相關的行為傾向。

總體來說，當我們生理或精神上受到外來刺激時，會引起種種的心理反應，這些反應即為情緒。比如：「一朝被蛇咬，十年怕草繩」，這種恐懼即屬於情緒的一種。

情緒是一種主觀體驗。

喜、怒、哀、懼等主觀感受，不同的人對同樣的事物，可能是很不同的。

八十歲的奶奶，四十五歲的媽媽，二十歲的兒子，六歲的親戚家小妹妹，正在看電視。

螢幕上麥可．傑克森正在大展舞技，主角和配角都跳得熱力四射，傑克森更是唱得專注認真。

家人們的表現呢？

八十歲的奶奶：「這到底是什麼東西，又唱又跳的，還不如京劇來的好聽。」（厭惡，看了幾分鐘就獨自去找收音機了。）

四十五歲的媽媽：「看看這是什麼啊，動作這麼開放，還有暴力畫面，孩子看了還能有什麼好！」（擔憂，拿起遙控器要換台。）

二十歲的兒子：「嘿，媽媽，妳可別動，這一切可真棒，他可是我的偶像，我要是有一點能像他這樣就好了。」（興奮，隨著電視上的節奏手舞足蹈。）

六歲的小妹妹：「電視上那個怪物可真嚇人，那麼大的嘴巴，那麼亮的牙齒，我再也不想看了！」（恐懼，大哭起來。）

同一個人在不同的時間、地點和條件下，對同樣的事物也有很大的情緒變化。

蘭蘭和媽媽在家收拾屋子。

蘭蘭翻出了一本很多年前的紀念冊，打開一看，裡面貼滿了香港「四大天王」的貼紙，她一邊翻一邊嘟囔：「天呀，多麼老土的東西啊，這到底是誰的本子，現在誰還看這個，周杰倫多帥啊！媽，妳看這有用嗎？沒用的話我就把它扔了啊！」

媽媽接過來一看，笑了起來：「傻ㄚ頭，妳們這些追星族可真是換得快，這不是妳國小五年級的本子嗎？那個時候妳可迷他們了，每天把早餐錢省下來買這些貼紙，能得到他們中間任何一個人的簽名，妳都興奮得睡不著覺，現在這麼快就忘了。」

「哦，還有這種事啊？」蘭蘭再翻了一遍本子，實在無法相信這是自己的本子。

即使同屬一種主觀感受，如「怒」，每個人感到的「怒」可能也不同，甚至同一個人每次感受到的「怒」也可能很不相同。有的人「憤怒」時候可能僅僅只是委屈，想想就算了，可是有人的「憤怒」卻足以促使他去殺人。

喜、怒、哀、樂等主觀感受稱為情緒體驗。任何一種情緒都具有情緒體驗，但並不是每一種情緒都會導致行為的產生，有的情緒可能只有內心的感受而無明顯的行為表現。特別是人透過學習，對情緒的表現具有自我控制能力後，許多情緒往往不表現在明顯的外部行為上。

特定的情緒狀態總伴有內臟器官、內分泌腺或神經系統的生理變化，例如：血壓升高或降低、呼吸加快或變慢、胃腸運動加強或減弱、瞳孔擴大或縮小等生理反應。這也就是為什麼當我們憤怒或者悲傷的時候，通常就會感到身體也隨之變得很不舒服的原因。

有關情緒的分類，有很多種說法。在佛教文化中提到的「七情六欲」中的「七情」，「喜、怒、憂、思、悲、恐、驚」即是比較樸素的情緒分類。被七情六欲干擾的人，總免不了被世間俗事所累，所以佛教中總講究要「放下」，要「超脫」，只有這樣才能真正走出俗世。

美國心理學家普拉切克提出了八種基本情緒：悲痛、恐懼、驚奇、接受、狂喜、狂怒、警惕、憎恨。

每一類可再細分為四種強弱不等的情緒：

一、憤怒（不平則鳴）：委屈，生氣，敵意，憎恨。

二、悲傷（顧影自憐）：沮喪，抑鬱，絕望，痛苦。
三、恐懼（束手無策）：緊張，擔心，迷惑，慌亂。
四、快樂（如釋重負）：輕鬆，滿足，得意，興奮。
五、愛意（柔情萬種）：友善，信賴，親密，痴心。
六、驚訝（料想不到）：好奇，有趣，震驚，駭異。
七、厭惡（芒刺在背）：不悅，排拒，輕蔑，棄絕。
八、羞恥（自慚形穢）：懊惱，難堪，自憐，愧疚。

可見，情緒是多麼的複雜，不僅類別眾多，強弱還各有千秋。

情緒一般是由外界刺激所引起，而表現在外即是我們平常所說的「表情」，包括面部表情、言語表情和身體表情等，是人際溝通交往的重要媒介。

在一項實驗中，研究人員把代表快樂、憤怒、厭惡、恐懼和驚奇的面部表情的圖片給美國、巴西、智利、阿根廷和日本此五種不同文化的受試者觀看，結果每種文化的受試者皆能辨認出各種表情所代表的情緒；甚至連與世隔絕，和西方文化毫無接觸的新幾內亞的弗雷(Fore)部族人，也能正確判斷照片的面部表情；而給美國大學生觀看弗雷部族人的表情影片，也大致能辨別他們的情緒。

實驗證明，人類的面部表情在某種程度上保持了自兒童時期以來的原始模式，具有一致性和繼承性。

面部表情是最敏感的情緒產生器。你不妨試試看，讓自己面帶微笑並持續半分鐘，你將會開始感到高興，相反地，如果你緊鎖眉頭，你將會感到苦悶和煩惱，儘管什麼原因都沒有。

言語表情相對來說要複雜一些，這主要也與各個國家不同的文化有關，甚至同一個國家的不同地方，相同的言語也會表達出不同的意思，所以在透過言語表情透視其所代表的情緒的時候，會更加難於分清一些。

而身體語言在近些年越來越受到重視。面試的時候，一個人的身體語言往往發揮著非常重要的作用。交叉手臂，或者翹二郎腿都會給面試官留下不好的印象，手指總是撥弄頭髮也會給人留下你容易緊張的印象。我在後面的文章中會詳細描述。

第二節

不良情緒——隨時點燃的導火線

情緒是一種短暫爆發的力量，在情緒激動的時候，人根本就找不到自己的方向，他的腦海裡只會有一個念頭，再也容不下別的想法。

有這麼一則笑話：

有一個人被官府抓去坐牢，家人大驚失色，不知道他到底犯了什麼罪，這個人很委屈地說：「我就是在地上撿了一根草繩啊！」

家人氣壞了，心想，這官府也不知道是怎麼搞的，沒有王法了，撿了一根草繩也要抓去坐牢，真是豈有此理！

家人揪住官差的衣領，要他說明理由。

官差氣急敗壞地大叫：「他要是撿了一根草繩還好，主要是草繩的另一端是一頭牛啊！」

繩子不重要，關鍵的是後面所牽引的東西，不良情緒就如這根繩子，不過它更厲害，是牽引著炸彈的繩子，書面用語為：導火線！

我們在生活中會遇到這樣的人：遇事非大喜則大悲，他們容易因小事而大發脾氣；不過，同樣的，也極容易因喜樂而手舞足蹈。他們快樂時天真爛漫，讓很多人為之開心；但是，他們憤怒時的火暴脾氣，卻也令人走避不及。身邊的人通常很難適應他們這種起伏不定的性子，人際關係也難以維持。

有一次，我去參加一個會議的時候，遇到一位先生，看起來溫文爾雅。忽然有一個飛奔過來的小孩撞了他一下，把他油光發亮的皮鞋踩了一道痕。頓時，那位先生破口大罵，讓我在一分鐘內感受到了從晴朗好天氣到雷雨大風天的轉變，對他的好感也驟然下降。

這樣的人都是太過於情緒化，他們的情緒往往帶有極大的破壞性，很容易就噴發而出，嚇得人退避三舍。

國際研究發現，情緒是否易發與人的性格有很大的關係。性格分膽汁型，多血型，黏液型和抑鬱型。其中，膽汁型的人們表現精力充沛，情緒發生快而強，言語動作急速，難於自制，內心外露，率直，熱情，易怒，急躁；而抑鬱型的人則柔弱易倦，情緒發生慢而強，多愁善感，言語動作細小無力，膽小忸怩，孤僻，正好形成了兩個極端。

陳琪是個做事大辣辣的女生，非常瀟脫幹練，但美中不足的是脾氣太衝了。

有一天，她在幫男朋友洗衣服的時候，發現襯衫的胸前部分有一個口紅印。陳琪頓時氣壞了，什麼也不想，就拿著衣服奔向男朋友的公司。

到了那裡一看，男朋友正在跟一個女同事討論問題，這更是火上澆油了，陳琪衝上去就給了男朋友一耳光，大叫：「好啊，你居然還背著我做這種事情！」

男朋友愣住了：「怎麼了啊？」

「還裝糊塗，你看你在外面又交什麼女孩子了？」陳琪一邊罵，一邊把手裡的證據拿給他看。

男朋友一看就明白了，哭笑不得地說：「這不是妳前天喝醉，我扶妳回來的時候黏上的嘛！」

陳琪一看，頓時滿臉通紅，在男朋友同事們的竊笑中跑了出去。

從那過後，大概一個星期，陳琪都不好意思去公司找男朋友了。

陳琪一氣之下把持不住自己的情緒，結果鬧出了這麼大的笑話，幸虧男朋友度量寬大，不然連愛情也要葬送在自己的手中了。

豈止膽汁型的人情緒會易於引發行動，平常比較溫和的人如果情緒一上來，也會做出匪夷所思的事情。

情緒是人對外界刺激所產生的一種心理反應。人作為主體，客觀事物或事件對他總是具有某種意義的，當客觀事件或情境可以符合主體的需要或者願望時，人就會比較平靜，情緒也就不會出來作亂，但是，若不符合主體的需要或願望時，人就勢必會產生一種改造使之適合自己需要的衝動，這種衝動在某種程度上促使了行為的產生。

另外，情緒是一種短暫爆發的力量，在情緒激烈的時候，人根本就找不到自己的方向，他的腦海裡只會有一個念頭，再也容不下別的想法。

有一些在情緒的左右下做出衝動行為的人往往在事後非常懊惱，或者是百思不得其解：我為什麼會做出那樣的事情呢？

羅樂和好朋友一起去逛街，兩個女孩子都只有二十歲，一路上開著玩笑，公車上雖然很擁擠，但是兩個人也覺得非常開心。

羅樂一邊和朋友聊天，一邊想著馬上就可以看到自己朝思暮想的那件衣服，心裡覺得十分的高興。

可能是自己想得太專注了，不小心踩了一個中年男子一腳。羅樂的對不起還沒有說出口，這個男人就大聲訓斥她起來，剛開始，羅樂覺得是自己的錯，就沒有頂撞他，可是這個男人越說越來勁，得理不饒人，嘴裡的話也越來越難聽。

這時，身邊的朋友一個巴掌上去，給了那個男的一下。

羅樂簡直嚇呆了，這個女孩子平時溫柔得跟小花貓一樣，今天怎麼這麼暴力！豈止羅樂愣住了，那個男人也呆住了，他看著這個打了他一巴掌的瘦弱女孩，竟然不知道怎麼回應了。

正好車停靠站了，羅樂拉起朋友趕緊衝了下去，一溜煙跑了。

跑到安靜的地方，羅樂一看，朋友的臉還是紅紅的，手也在不停發抖，嘴裡一個勁地嘀咕：

「我竟然打了別人一巴掌！」

「潤物細無聲」，情緒的產生也是這麼的悄無聲息，在羅樂甚至都沒有意識到的時候，朋友居然做出了如此激烈的行為，內心憤怒情緒的驅使使平時乖巧的女孩憤而出手，可見情緒的力量是多麼的巨大！

雖然不良情緒很容易引起衝動的行為，但是，我們要知道，一切的情緒都來自於自身，只有自己是一切情緒的創造者，既然現在悲傷的情緒是自己的內心所帶來的，那我們就一定可以把它扭轉過來，形成有利的情緒。任何時候你都可以選擇所想要的感受，去體驗所希望的情緒。

不良情緒這根導火線雖然可怕，但是只要我們及時發現，小心行事，就能大幅降低爆炸的可能。

第三節

蝴蝶效應——情緒產生的過程

生活中的小事往往都是情緒惡化的導火線，我們有時候就是太馬虎、太隨意，不願考慮後果或者雖然發現了一點小苗頭卻不管不問，結果情緒累積起來，造成了更大的破壞性。

誰都意想不到，一隻南美洲亞馬遜河流域熱帶雨林中的蝴蝶，偶爾扇動幾下翅膀，可能會在兩週後於美國德克薩斯引起一場龍捲風。

這是什麼原因呢？

原來，蝴蝶翅膀的運動，導致其身邊的空氣系統發生變化，並引起微弱氣流的產生，而微弱氣流的產生又會引起它四周空氣或其他系統產生相對的變化，由此引起連鎖反應，最後導致其他系統的極大變化。

這種現象被氣象學家洛倫茲稱作蝴蝶效應。

豈止氣象上面如此，蝴蝶效應在我們的日常生活中亦隨處可見。

西方流傳的一首童謠說：少了一枚鐵釘，丟了一個馬蹄鐵；丟了一個馬蹄鐵，折了一匹良駒；折了一匹戰馬，損了一位將軍；損了一位將軍，輸了一場戰爭；輸了一場戰爭，亡了一個帝國。

一個帝國的滅亡，居然始自一枚小小鐵釘的遺失所帶來的一連串效應。

情緒也是蝴蝶效應現象最明顯的一種，如果我們不注意微小的不良情緒，很可能釀成大禍。

甲有一天對乙說了丙的一句壞話，乙在一次和丙的交談中，隨口把這句話傳給了丙。

丙聽到之後，非常生氣，就憤怒地去找甲算帳。

二人說沒幾句，就話不投機，動起手來，結果甲被丙用刀刺傷，診治無效死亡，丙也因此進了監獄。

乙知道此事以後，痛悔萬分，一句無心的話，就這樣導致兩個家庭家破人亡的悲劇。

這樣的報導已經不是一個、兩個，世界各地幾乎都有實例，一句無心的話語，一個魯莽的舉動，足以令人痛悔一生。

從上面的例子中我們也可以看到情緒產生的過程，刺激→接收→情緒→選擇→行動，所以「刺激」接收的方式非常重要，如果不能有效的處理「刺激」，那麼導致的行動就很有可能是毀滅性的。

從前，有個小男孩脾氣很壞。

有一天，他的父親給了他一袋釘子，讓他發脾氣的時候就把釘子釘在後院的牆上。

第一天，這個男孩釘下了二十五根釘子。

隨著時間的流逝，小男孩慢慢地可以控制住自己的情緒了，在牆上釘的釘子也越來越少。

最後，小男孩終於學會了如何控制自己，再也不任性亂發脾氣了，他把自己的轉變告訴了父親。

父親說：「如果你能堅持一天都不發脾氣，就從牆上拔一根釘子下來。」

時間又是一天天過去了，最後小男孩告訴父親，他已經拔出了所有的釘子。

父親拉著他的手來到這面牆前，說：「你做得很好，可是你看看這牆上的洞。」

小男孩仔細一看，牆上布滿了釘子留下的洞，有的地方因為釘子洞太多，牆上的土都紛紛掉下了，看樣子這面牆也用不了多久就會倒塌了。

父親說：「看了這些洞，明白了嗎？這面牆很可能無法再支撐下去了。當你向別人發過脾氣之後，你的言語就會像這些釘孔一樣，會給人們留下疤痕。你這樣做就好比用刀子刺向某人的身體，然後再拔出來。無論你說多少次對不起，那傷口都會永遠存在。」

小男孩點點頭，終於明白了父親的用意。

一句話帶來的傷痛就像真實的傷痛一樣令人無法承受，人與人之間常常因為一些彼此無法釋懷的堅持，而造成永遠的傷害。情緒的起因往往也就是一句話的影響，甚至說話者根本都沒有意識到問題的嚴重性，卻已經為以後的行為埋下了伏筆。

王迪和李嵐是在大學認識的，兩人一見如故，李嵐有些內向，活潑的王迪正好成了她的互補。哪個隔壁班的男生很帥、哪裡賣的衣服最好看最便宜、哪個女生總愛說別人的閒話……從外太空聊到內子宮，兩人整天都有說不完的話題。

畢業之後，兩個人在城市裡找到工作，租了房子住在一起，在外面一起打拼，一起生活。雖說外邊比較辛苦，可是有朋友相互扶持，也覺得挺開心的。

有一天王迪上班的時候匆匆換衣服，就把口袋裡的零錢隨手放在桌子上，那個時候，李嵐還沒有上班。

王迪晚上回家的時候，想起自己放在桌上的錢，就在桌邊找，可是，找了好半天都找不到。

王迪著急了，雖說這點錢不算什麼，可是對於她現在還沒發薪水，青黃不接的時候，也算是兩三天的飯錢了。

李嵐看她急，也幫她翻箱倒櫃地找，這時王迪脾氣有點不好了，隨口嘟噥了一句：「不可能不見啊，我明明放在桌子上的，這屋裡又沒別人！」她就是這樣，為一點點小事就很容易急躁。

說者無意，聽者有心。李嵐的心裡有點不痛快了，動作也慢了下來。王迪還沒有意識到李嵐的情緒，還在發牢騷，找東西的動作也大了一點，把書扔得啪啪響。

第二天，王迪早忘了這件事，可是李嵐還是有些不高興。

過了幾天，王迪發薪水了，她特別高興，一反常態要去把錢存到銀行裡，要知道，以前王迪向來就是把錢放在身邊，有多少花多少的。

李嵐就問她：「現在怎麼轉變了，開始存錢了？」

王迪笑嘻嘻地說：「我是怕自己再粗心大意，把錢隨便放，丟了要去哪裡找啊！」

李嵐當即就聯想到那件事情，情緒立刻變得低落，心想：「這麼多年的朋友，居然還懷疑我拿了她的錢。」

晚上，李嵐一人躲在房間哭了起來，王迪問她怎麼了，她也只是說想家了。

天亮的時候，王迪發現桌上有一張紙條，寫著：「王迪，我走了，我很懷念我們以前的友誼，那個時候大家多開心。現在，我受不了在妳的猜疑之下生活了。」

王迪一頭霧水，愣了半天也沒明白是怎麼回事。

一句隨隨便便說出的話，甚至我們現在看根本就沒有什麼殺傷力的話，居然引起了對方這麼大的誤會，可是又能責怪誰呢？王迪的第一句無心之話導致李嵐的情緒變差，而第二句話又加劇了李嵐情緒的惡化。如果當時王迪能夠注意到李嵐的情緒變化，向她開誠布公地說明；如果李嵐能夠在情緒變壞之後及時向王迪說明，兩人的誤會又怎麼可能會變得如此之大？但是，終歸只是如果，破裂的鏡子即便是黏在一起，也會留下永遠無法修復的疤痕。

生活中的小事往往都是導致情緒惡化的導火線，我們有時候就是太馬虎、太隨意，不願考慮後果或者雖然發現了一點小苗頭卻不管不問，結果情緒累積起來，造成更大的破壞性。

古有明訓：「失之毫釐，差之千里」，這個故事和「蝴蝶效應」的理論都告誡我們：要時時對微小的事件保持「敏感性」，才能及時調整心態和情緒。

「蝴蝶效應」對負面情緒有不可忽視的作用，但同時它對正面情緒也有不容忽視的影響。

志明本來這次很有把握分到房子，可是上級忽然又說他這次分不到了，志明非常生氣，左思右想也不知道這是為什麼。

一個同事告訴他，這次分房子跟王科長有很大關係，前陣子因為工作的事情，志明跟王科長有些過節，這回分房子就是王科長在背後搞的鬼。

志明一氣之下就去找王科長拼命，王科長家有點距離，太陽照的也很毒辣，走著走著他覺得有些口渴，便向路邊的小屋主人要一杯水喝。

主人熱情好客，看他滿頭大汗，除了送水以外又遞過來一條濕毛巾。

志明很感激，走出屋外，沒想到主人又在後面喊他，志明以為自己什麼東西掉了，就停下了腳步。他回頭一看，不禁呆住了，原來那家小屋的主人又追出來送給他一把傘讓他遮陽。

志明拿著傘，一時不知道該說什麼好，他低著頭想了一會兒，心胸豁然開朗，就把傘還給了小屋主人，轉頭回家了。

小屋主人的熱情招待讓志明充滿了感激，連帶沖淡了他內心原本忿忿不平的情緒。可能連小屋的主人也沒有想到，小小的一把遮陽傘這個看似微不足道的善舉，居然避免了一場可能發生的械鬥。

細小的事情，可以致人於死地，也可以挽救生命，關鍵就看這事情所引起的情緒是正面的還是負面的，而我們又是否能夠妥善的管理好產生的情緒。

如果你用健康的心態面對生活，你的生活自然會充滿陽光。或許偶爾會產生負面情緒，但明白了「蝴蝶效應」的危害，你一定會及時注意調整，防微杜漸。

第四節

情緒不等於性情

情緒是可以轉變的，只要利用合適的辦法，我們一定能走出情緒的低谷，用更加積極向上的情緒迎接以後的生活。

《水滸傳》中的李逵、《三國演義》中的張飛、《說岳全傳》中的牛皋、《楊家將》中的焦贊及孟良、《說唐》中的程咬金等人都是中國文學史上有名的「喜劇英雄」。從外貌上看，他們大多身材高大魁梧，相貌醜陋；從才藝秉性看，則個個武功高強，善打硬仗，粗魯爽直，脾氣暴躁，嫉惡如仇。

這樣的人是「情緒化」的典型，但後人往往含蓄地把他們稱為「性情中人」。

那麼，「情緒」究竟是不是就是「性情」呢？

答案是否定的。

雖然情緒和性情在表現上有著千絲萬縷的聯繫，但兩者還是有著很大差別的。

第一，性情是天生的，情緒是基於性情的基礎上，再借由外界的刺激產生的。

換句話說，如果人的體內有A這種性情，那麼必定會有A這種情緒在某個時段產生，而如果某人的情緒現在是B，你就斷定他的性情裡必定有B這種性情，那就是錯誤的。比如上一章中我所講到的「鬱悶」這一種情緒，它就不是天生帶來的，我們總是可以看到很積極向上，似乎永遠都有事情做的人也會大叫：「鬱悶！鬱悶！」，鬱悶是一種社會上廣泛傳染的情緒病，它適用於一切人群，而且，往往活潑好動的人更容易鬱悶。

第二，性情是穩定的，情緒是不穩定的。

性情是人出生之時就帶來的，人們說「從小看到大」，性情好像人的一種明顯的標誌，就好像鼻子眼睛，生來就有。而情緒，雖說人都會有情緒這點是亙古不變的，但是一個人可能會有什麼樣的情緒卻是沒有規律可言的。「溫順的兔子也會咬人」，這句古話不無道理。

王二一直以來給人的印象就是個老實的大好人。

他小時候就這樣，很懦弱，男孩們在一起打鬧，他從來不願跟上去一起玩，別人欺負他，他也不敢還擊。成年之後，娶了一個潑辣的妻子，整天大呼小叫的，基本上他也不發脾氣。

可是前些天，王二做了一件驚天動地的事。

那天，王二騎腳踏車回家，看見前面的巷子裡圍了一圈人，就停下來擠過去看熱鬧。

原來，是這條巷子裡有名的流氓吳三，正耀武揚威的站在中間叫囂，躺在地上的是一個六十多歲的老人。一打聽，這老人住在吳三的隔壁，最近，老人的孫子要考試，每天都在認真的復習功課，可是吳三卻總是在家裡把音響開得震天。老人說了他幾次，他不聽，所以老人今天急了，跟他吵了幾句，沒想到被吳三一把推倒在地上。

原來是這樣啊，王二心裡有些憤怒，但想想還是算了，這種閒事，還是躲開的好。

正準備轉身走，忽然老人又罵了吳三一句，吳三飛起一腳，踢在老人的身上，老人痛苦地大叫了一聲。

看到這一幕，王二的血都湧到腦子裡，他氣壞了，不管三七二十一就衝上去給了吳三一拳。

從來沒有人敢這麼對吳三，吳三一下子愣住了。

說時遲那時快，王二也不知道哪裡來了那麼大的力氣，又給了吳三一下，嘴裡還憤怒地教訓吳三：「對老人你也忍心下得了手！」周圍的人也醒過來了，趕緊過來扶起老人，然後一起把吳三扭送到警局。

事後，巷子裡的人都對王二讚不絕口，對他說：「平時的好好先生，沒想到脾氣也有這麼剛烈的時候。」其實，連王二自己也不明白，自己那天怎麼會有那種勇氣和力氣。

情緒的產生往往只是三分鐘熱度，尤其是憤怒這種情緒，往往是來得快，去得也快。王二屬於見義勇為的行為，還能接受，但如果因為憤怒而傷害別人就很讓人痛心了。這也提醒我們，當負面情緒出現的時候，一定要停下來思考一下，不要因一時的情緒，造成了終生的遺憾。

第三，性情是很難改變的，情緒是可以改變的。

「本性難移」，這句話大家早已耳熟能詳，確實，你不能勉強一個生性懦弱的人去戰場殺敵，你也不能委屈一個生性剛烈的人窩在家裡碌碌一生，這就好比，你非要把一根木頭棒子磨成鐵針，質地不同，自然無法轉換。但是情緒，只要我們有科學的辦法，我們就可以去有效的改善它、管理它。

洪先生有個五十多人的中型公司，可是，在經濟風暴來臨的時候，一夜之間，負債累累。洪先生的太太離開了他，房子也被銀行收走，一時間，平時風光無比的洪先生簡直落魄得如街上的流浪漢。

他的情緒非常低落，尋死的心都有了。

某一天，他給爸媽留了一封遺書，準備到鐵路橋那邊結束自己的生命。到了之後，卻發現最近因為洪水的緣故，這座鐵路橋已經不再使用了，洪先生更加懊惱了，想不到要死也死不成。

他靜靜地坐在鐵路橋不遠處的一個廢棄的院子裡，發現一隻蜘蛛在後院的兩簷之間結了一張很大的網。

洪先生忽然有了一點好奇，難道蜘蛛會飛？不然，從這個簷頭到那個簷頭，中間有一丈餘寬，第一根線是怎麼拉過去的？洪先生惡作劇似地把蜘蛛的網拉壞，蜘蛛果然急急忙忙地趕過來，牠在一個簷頭吐絲，打結，順牆而下，一步一步向前爬，小心翼翼，翹起尾部，不讓絲沾到地面的沙石或別的物體上，走過空地，再爬上對面的簷頭，高度差不多了，再把絲收緊，以後也是如此。

原來是這樣啊！

可是在快要結好網的時候，洪先生不小心起身又把網弄破了，於是，這隻蜘蛛又一次鍥而不捨地努力織網。

看到這一切，洪先生的眼睛濕潤了，一隻小小的蜘蛛，尚且能如此堅持不懈的為自己的家園努力，難道自己連一隻蜘蛛都不如嗎？

從廢棄的院子裡走出的洪先生，覺得自己體內那股振奮的情緒又再度回來了。

四年之後，洪先生擁有了比以前更大的公司，有了一個善解人意的妻子，他在自己公司的標誌裡加了蜘蛛的圖案，藉以感激那隻給了自己無窮勇氣的蜘蛛。

蜘蛛不會飛翔，牠把網結在半空中已經付出了很大的辛苦和努力，難得的是牠在蜘蛛網受到破壞的時候，仍然可以堅持不懈的努力。而洪先生從蜘蛛的精神中很快的扭轉了自己的情緒，找到了更適合自己以後發展的奮發精神，這個轉變雖然很快，但卻對洪先生以後的生活發揮了決定性的作用。

正因為情緒是可以轉變的，所以只要我們利用合適的辦法，就一定可以盡快從低落的情緒中走出來，用更加積極向上的情緒迎接以後的生活！

第三章

外表情緒的感測器

人們常常透過對一些外表的觀察而感知背後的奧祕。《淮南子．說山訓》中說到「見一葉落而知歲之將暮，目睹瓶中之冰，而知天下之寒。」對於情緒，我們也可以從外在的種種表現中窺得一二。

第一節

準確掌握表情密碼

掌握表情密碼的關鍵還是在於能否從對方的立場出發，設身處地的為他人著想。如果只是想簡單而又粗暴地控制別人的情緒，反而會弄巧成拙。

為了使自己能夠更好的融入社會，我們不得不去揣測他人的情緒變化，從而控制自己的情緒。雖然可能有人會認為看著別人臉色辦事有些折損自尊心，但作為無法脫離社會的一分子，我們必須學會察言觀色。

世界上的每一個人都是具有很強獨立性的個體，正如同我們在森林裡找不到兩片相同的葉子。人們的相貌、心理以及情緒也是存在差異的。當然從相貌來說，雙胞胎可以把差異縮減到最小。可是，人們的情緒是永遠不會重疊的。

這樣看來，想要觀察他人的情緒是一件很困難的事情，不免讓人有些氣餒，但其實並非如此。

公司管理報銷事務的會計不知已換了多少任，可是仍然沒有一個人能夠長期做下去的，為此財務室的陳科長急得是天天頭疼。

因為報銷事務不但關係著公司職員的個人利益還牽扯到公司利益，而且由於部分來報的發票不屬於公司的報銷範圍之內，因此不能報銷，所以財務室就出現了來報銷者信誓旦旦，會計卻誓死不報，猶如鬥雞的局面。

雖然工作很難做，但還是要有人去做。

只可惜閱歷深的會計寧可被減薪也不肯接受這份工作，陳科長無奈只得讓新來公司的員工楊明接手。

當然，陳科長也沒有閒著，物色楊明的接任者是他的當務之急。

不過，事情的發展卻大大出乎陳科長的預料。首先，財務室不再像露天鬥雞場，會計和員工們相安無事，這使「財務室如戰場」的言論悄然而止。其次，來報銷的人對會計的態度明顯溫和了許多。第三，楊明出色的完成工作，沒有顯示出絲毫退意。

陳科長由此不再煩惱，可是他始終沒有弄明白，楊明是如何做好這份工作的。

於是，陳科長私下向楊明詢問其中的玄機。

楊明笑吟吟地說道：「其實前幾任的會計工作能力絕對比我強，只是他們坐辦公桌的時間太久了，在報銷時總是低著頭。而當他們抬頭時，便是在和別人爭吵。」

陳科長沒聽明白，連問為什麼。

楊明說道：「報銷本來就是一份很繁瑣但付出與回報不成正比的工作。因此，大家很容易帶著情緒工作，可是您應該知道，這樣是絕對做不好工作的。來報銷的人總是會要求我們將拿來的全額報銷，但是，會計法和公司有關條文的規定使事情往往不能如他們所願。既然牽扯到個人利益和公司利益，雙方互不相讓是在所難免的。雖然負責報銷的會計工作繁重、壓力大，加上外界的爭執會經常鬧情緒。但是，我還是有必要顧及他人克制自身的情緒。我比前幾任會計唯一出色的地方就是我會在給員工報銷時抬抬頭仰仰脖子，順便觀察一下他們的表情。若是有人面帶厭倦的神情，我會適當和他聊上幾句，並在報銷時從他的立場出發，慢慢而又簡明的解釋相關事宜；若是有人眉頭緊鎖，我就要輕鬆微笑，緩和氣氛。總之一句話，觀察他人的表情，來瞭解對方的情緒，控制自己的情緒使我受益頗深。」

如此看來，想要觀察他人目前所處的情緒狀況並非難事。上文中的楊明在這方面做的尤為出色。他很清楚如何去閱讀別人的情緒，而且他掌握了最佳的輔助工具，表情密碼。所以，準確的掌握他人的情緒，也就不足為奇。

對於如此重要的密碼，我們應該如何破譯呢？其實非常簡單，順應其勢。這也就是無非讓我們與彼同喜同怒同哀同樂。當然，萬事也不可能有絕對，要抓住重點，適時而變。由此，我們便能破譯表情密碼，學會「讀心術」。

在上個世紀，九〇年代，李先生作為公費出國的一員，日常生活頗為拮据。可是，做客他鄉難免有些思鄉之情。於是，李先生陷入了矛盾當中：想打電話給家裡，但是囊中羞澀；不打電話又難解思鄉之苦。

無奈之下，李先生決定飛鴿傳書，以信解鄉愁。

不過，李先生新來乍到，對於在美國寄國際郵件的相關事宜不是很清楚，便去位於市中心的郵政局諮詢。

美國作為一個發達國家，在各個方面都處在世界的領先水準，可惜郵政部門是個例外。設備老化，工作效率低下，偏偏還要承受巨大的工作壓力。正如美國的科幻片《星際戰警II》中所說：「這是一個最讓人頭疼的系統。」

一進營業大廳，李先生發現果不其然，寄信的人和諮詢的人混在一起，排成數條長隊，把每個營業窗口堵得水洩不通。

接下來就是漫長的等待，李先生的周圍到處是抱怨聲，他不禁皺起了眉頭：「這要等到什麼時候啊！」

過了足足一個小時，李先生前面還剩一個白人老太太。那位老太太手裡拿了七、八封信件要寄出。

在營業窗口工作的是一個金髮的中年男子，他一邊蓋郵戳一邊查閱郵費。

只見他面帶倦意，服務台的電話響個不停卻沒人去接。

雖然厭煩但他還是放下手中的工作去接電話，等他回來時，已是一臉厭惡的神情。

終於輪到李先生了，他把要諮詢的問題寫在一張紙條上遞了過去。

那位工作人員看了一眼後，忽然抬起頭來打量著李先生連忙說道：「謝謝誇獎。」

原來，李先生在遞過去的紙條上補寫了一句「你的頭髮很漂亮，我非常喜歡。」

一句簡單讚美的話把那個人說的有些不好意思，不過李先生看得出來，他已經有些得意了，剛剛的煩躁情緒也有所減輕。

「我的朋友也曾說過我的頭髮很好看。」說著，他不禁把手下意識地放到有點蓬亂的頭髮上梳理了幾下。

李先生接著說道：「在我們國家，年輕人喜歡把自己的頭髮染色，特別是金色，他們認為那樣是很酷的。」

「哦，我這不是染的，是天生的。」

「哇，真不錯！」

「呵呵，其實我年輕時的頭髮比現在還要好，只可惜現在的工作太忙了，我沒時間去顧及它們了，就任由它們自生自滅。」

「嗯，中國人常把美國比做『中年人的戰場』，真是一點也不假。」

「哈哈，真是有趣的比喻。哦，好了。來，這是你要查詢的資料。」

「非常感謝，真是麻煩你了。」

「不用謝，這是我的工作，很高興和你交談。」

最後，那位工作人員對李先生和廣大中國人的評價是「Kind」。（注：Kind 的英文意思是「好，友善的」一般常用來形容一個人非常好。）

由此，我們不得不佩服李先生對表情密碼的控制能力，不光透過破譯表情密碼來駕馭對方的情緒，還使對方對自己充滿好感很願意為自己服務。最後，還得到了對方的不斷讚美。這便是解碼效應。

掌握表情密碼正如上文中的李先生，平時多察言觀色，多留意一下對方的表情，隨時注意身邊的環境和氣氛變化。俗話說，知己知彼方能百戰不殆。當然，掌握表情密碼的關鍵還是在於能否從對方的立場出發，設身處地的為他人著想。如果只是想簡單而又粗暴地控制別人的情緒，反而會弄巧成拙。

表情往往反映出人們第一時間的情緒，只要細心觀察，看清他面部的一舉一動，加上分析周圍的情況，掌握表情密碼就是小菜一碟。

當然，只憑著注意別人的表情來控制情緒不免有些牽強，但條條大路通羅馬，我們還要注意聲音中傳遞給我們的資訊。

第二節

聲音傳遞情緒

無論何時何地，我們都在向聽眾們傳遞我們的情緒。哪怕是在刻意偽裝自己的聲音，也會在不經意間，告訴別人我們的內心世界是什麼樣子。

如果沒有聲音的存在，我們很難想像那樣一個無聲的世界會是怎樣的生澀，感覺就像是在觀看啞劇，無知的觀望，令人乏味。

為了能夠向世界表達自己的存在，我們在聲音當中添加了自己的情緒。於是，便出現了慷慨激昂的聲音，委婉動聽的聲音，悲憤異常的聲音……我們不但透過聲音來進行交流，還在其中任意宣洩自己的情緒。

聲音是一個樸實的承擔者。

聲音的傳遞是以聲波的形式來進行傳播的。曾經有科學家做過研究，當人們帶著不同的情緒說出同一句話時，聲波的波形是存在明顯差異的。

由此可見，聲音也是一種密碼，能使我們掌握別人的情緒做更好地自我控制，自我發揮。

一九一五年，美國科羅拉多州的居民將洛克菲勒的家族視為財閥，非常嫉恨。

在洛克菲勒工廠工作的工人要求廠方提高薪資，工廠的建築被搗毀，政府不得不派出軍隊鎮壓，由此造成流血事件。

在雙方對峙狀態中，洛克菲勒成功地說服了對方。

他是如何獲得圓滿結局的呢？

情形是這樣的：

洛克菲勒花了好幾週的時間協調勞資雙方的工作，然後和罷工代表們舉行會談。

當時，他發表了一篇演講，以誠懇的態度和溫和的聲音說明事實的真相，結果收到了意想不到的效果，成功地平息了對他不滿的浪潮。

工人們立刻回到工廠中工作，且絕口不提加薪的事。

下面就是這篇演講詞的開始部分，是在一群恨他入骨的人的面前說的，語氣既溫和又誠懇。

其友善的程度，勝過對慈善機構的演講。

在演講之前，洛克菲勒已是竭盡全力把自己所有的好情緒融入到他的聲音當中：「我能夠在這個場合和各位見面，感到非常榮幸。這期間，我曾訪問過各位的家庭，我們應該不再陌生了。讓我們彼此問安，因為我們利害與共，休戚相關。」

柔和的聲音讓工人們安靜下來。

「今天我能夠站在這裡和各位談話，可以說是各位的善意恩賜。」他用這一句話作為整篇演講的開場白，話語誠懇令人信服。

他接著說：「今天將是我這一生中最值得紀念的日子，我能有機會和本公司各單位的代表見面，真是我莫大的榮幸。我相信這一次會談，將永遠銘刻在我心中。如果這次會談在兩個星期前舉行，那麼可能除了少數人之外，其餘的我都不認識。上個星期我到南區工作場地去訪問，除了有事不在的人之外，我和大部分員工舉行了個別談話，我又訪問了各位的家庭，和各位的家人見面。我強調，我們不是陌生人，而是朋友。因此，我想以朋友的立場，和各位談談我們之間的利害關係。聽說這次會議是由公司的幹部和工人代表們決定召開的。我既不是幹部，也不是工人，能參加這次會議，就是各位善意的賜予了。」

會場裡的所有人已經重新確定了自己的立場，現在他們可以靜靜聆聽這友善的聲音了。

「我雖不是幹部或工人，但身為股東和幹部代表的我，自認為和諸位有密不可分的關係。」

洛克菲勒的演講可以說是將敵人變成朋友最好的實例。他的話語中使用了「和各位見面，我非常榮幸」、「拜訪過各位的家庭」、「我們彼此問安」、「我們利害與共，休戚相關」。雖然看似一盤散沙，而且其中不免過於客套重複。但是，洛克菲勒用他最善意最溫和的聲音改變了這一切。

洛克菲勒如果說話時的聲音不加以修飾，輕率地使用絕不妥協，不易使人親近的聲音與工人們爭，以事實為藉口責備工人的行動魯莽，或用理論來證明工人們觀點的偏激，這無異是火上加油。就算多發生幾次流血衝突也是意料之中的事情。

當對方與你以理據爭時，你的一切行為都不會使對方的情緒穩定下來。即使你有意退讓，對方也無法明白你的苦心。這時唯有把自己的情緒放在你的聲音當中，以溫和、真摯的態度說出，你才可以改變一切。

無獨有偶，美國的丹尼爾・韋布斯特也是一個擅長說話的人。他長得一表人才，相貌堂堂，常以最溫和的聲音，表達自己的意見。每次雙方協調後，總能維持丹尼爾原來的主張。

不論這場爭辯如何激烈。丹尼爾從不怒氣衝天地爭吵，而是面帶笑容，以極其友善的口吻說出自己的見解。因此，他獲得了罕見的成功。

聲音其實天生就是情緒的一個極為出色的載體。當我們說話時，語氣中自然而然的抑揚頓挫，都在向聽眾們傳遞我們的情緒。哪怕是在刻意偽裝自己的聲音，也會在不經意間，透露出我們的內心世界。由此可見，聲音是多麼的正直誠實。

明道自幼喜歡西方歌劇藝術，加上自身條件優越，不久便考上了一所著名的音樂學院。眼看著自己兒時的夢想正要一步步變為現實，明道興奮異常。

可是，這樣的好心情沒有持續多久。

自從進了音樂學院後，明道每天勤學苦練，但總是不得要領，成績平平。

本來即將實現的夢想卻要和自己失之交臂，明道心裡鬱悶至極，卻又無可奈何。

每天早上，全學院的學生都還沒有起床，明道就第一個起身去操場練習發聲。平日裡他也買了許多經典歌劇的光碟，對照著畫面上的口型一字一句地加以糾正，模仿練習。可是，任憑他怎樣努力，都沒有絲毫的長進。

看著當初一同進入音樂學院的同學一個個突飛猛進地進步，明道心裡有一百個不服氣。於是，他便跑去找教授問其中的原由。

教授聽了明道的來意，略微一笑，慢慢說道：「你現在把歌劇《哈姆雷特》中老國王的鬼魂向哈姆雷特申訴的那段給我唱一下。」

明道本來找教授訴苦，誰知教授這時卻要他唱段歌劇，心裡頓時火氣橫衝。但是，人家畢竟是老師，他只好強壓住這口怨氣，不發作。當然，脾氣不是好發的，憋著會傷身體，是氣總是要找個地方發洩出來。於是，明道將自己的怨氣一股腦兒的發在了這段歌劇的身上。

一曲唱罷，明道心中火氣雖已消退，不過他明白，自己剛才唱歌時鬧的情緒誰都能聽得出來。有些段落演唱時聲音沒壓住，抖個不停，甚至個別段落都有點跑調。

明道感到心虛，不敢直視教授，只好等著挨批評。

「唱得很好，比以前要好許多！」

「什麼，您說什麼？」這一切有些出乎明道的預料，他不敢相信自己的耳朵。

「怎麼會呢，剛才有好幾個地方我沒控制好，嗓子發顫，聲音都不由自主地抖，怎麼能說唱得好呢？」

「沒錯，唱得就是很好。這次總算是讓聽眾從你的聲音中領會到你的情感了。你正如那個鬼魂一樣，聲音裡帶足了怨恨的氣息。其實你以前唱得就很不錯，基本功已經很紮實了。可是，有一點一直在阻攔你的進步。那就是你唱歌時總是缺乏感情，你的聲音沒有生機。聽眾們聽你演唱所謂的歌劇倒不如說是誦經。那麼現在你應該知道自己剛才為什麼唱得好了吧。以前你的聲音傳遞給我的只是單純的聲響，現在還多了一樣重要的東西，你的情緒。現在聽眾們才可以說能聽懂你唱的是什麼了。」

聲音作為人類溝通的載體，不但保障了人們語言上的交流，還能相互瞭解對方的情緒。看似簡單的聲帶震動，卻完成了無數個個體的聯結。聲音彷彿是人體內的神經組織，把我們大腦裡面的情緒源源不斷地傳輸出來，一次次的震動傳遞了人們的喜怒哀樂。

情緒變聲音也就跟著變，真可謂是牽一髮而動全身。

下面一節中要講到的話中情緒，雖然跟聲音中的情緒有很多相似之處，但是又比聲音更深一層。

第三節

傾聽話中情緒

言談中的情緒十分重要，這就要求我們在與人溝通的時候要學會傾聽的藝術。只有從語言的深層含義，從語言的語調中仔細觀察，才能準確把握他人的情緒。

人類的語言是個非常複雜的東西，老祖宗留給我們的字可以數出來，但是這些字組合在一起就變得撲朔迷離了。就算你搞懂了這句話的意思，可是，當情景不同，說話人的語氣不同，它還是會產生很多不同的意思。如果能夠認真分析出對方話語中的話語，我們也就掌握了他一半的情緒和心理。

語言中的情緒不僅是單單從字面上就可以瞭解的，更要挖掘出語言中的語言，也就是俗稱的「話中話」。

陳東是個粗線條的人，不太注意一些細節問題。比如跟人交談，想表達什麼意思，就直白地說出來，反正我就理解你字面的意思，我才不想費心思猜你到底怎麼了。

他是這麼想的，也一直都是這麼做的。還好周圍的幾個朋友也都是大辣辣的，了解他的人，也就隨著他的個性，一直以來也相安無事。不過，最近可是出了一點麻煩。

陳東在一次朋友聚會上認識了一個叫黃敏的女孩，溫文爾雅，說話舉止都非常得體，正是他最喜歡的那種類型。

黃敏對陳東的第一眼印象也很好，小夥子一表人才，而且看起來特別有男子氣概。

就這樣，兩人一見鍾情，談起了戀愛。

黃敏是一個在傳統家庭中長大的女孩子，爸媽一直都告訴她女孩子要矜持，不要說話做事都顯得隨隨便便的樣子。二十多年來，黃敏也習慣成自然了，不大會直白地表達自己的意思。可是偏偏遇見的陳東是一個不會察言觀色的人，這下可就麻煩了。

有一天，黃敏剛下班回來，人很疲累，這時最希望的就是陳東能夠主動一點過來安慰她，送她回家或者陪她玩玩都可以。

可是，陳東這天正好有一幫朋友過來了，他們準備去酒吧裡大玩一通。

於是，兩個人有了如下的對話：

黃敏：「今天公司裡的事可真煩，上司今天總是挑我毛病，做什麼都不順心。」

陳東：「老闆有時候是比較挑剔，但是，也可能是妳做得不好。」

黃敏有點不大高興，臉色也略微變了一些：「可能是吧。晚上回去真想好好休息一下，不過一個人回去也怪無聊的。」

陳東：「妳是得好好休息一下，那妳趕緊回去吧，不用陪我了，我晚上也還有個聚會呢！」

黃敏：「哦，你有事啊？我晚上回去的那條路又長又黑，你聽說了嗎，前些天那裡發生了搶劫案，太可怕了！」

陳東：「哪天？哪家報紙上說的？現在這些搶劫犯可是越來越肆無忌憚了。」

黃敏有些無可奈何了：「哪家報紙我也忘了。對了，你晚上一定要去那個聚會嗎？」

陳東：「好久不見的哥兒們，我也挺想他們的，妳一個人應該行吧？」

黃敏：「哦，其實我也沒事。那你走吧，明天也不用來找我了，我要好好休息。」

陳東：「這樣啊，那妳好好休息，我走了，路上小心！」

黃敏終於忍不住了，用從來沒有過的高分貝嗓門大叫了一聲：「分手！你給我滾！」轉身哭著走了。

陳東一個人呆呆地站在路燈下……他還不明白自己到底是犯了什麼錯。

可憐的陳東，居然到了這個時候還不明白是怎麼回事，他真的是沒有觀察情緒的能力。首先，在他和黃敏交往的過程中，只要用心，他完全可以知道黃敏到底是怎樣的性格，從而在以後的交往中就可以很順暢地溝通；其次，在黃敏向他報怨工作辛苦的時候，正是黃敏情緒低落的時候，這個時候不是講道理就可以解決的，她需要的是安慰和理解；再次，黃敏旁敲側擊地說路上不安全的時候，其實正是對陳東有暗示，可是陳東又沒有注意到；最後一次機會中，黃敏說以後也不用來找她了，其實是厭煩和憤怒的情緒已經被點燃了，可是陳東還是沒有明白。在如此多的試探之後，陳東還不能明白，難怪女孩要憤而轉身了。

生活中像陳東這樣不會從話語中觀察的人真是太多了，可能是性格使然，也可能根本就不知道該從何下手。而對於一個成功者來說，具有極佳的傾聽能力是非常重要的。中國人說話往往講究含蓄，話中有話大概就是有中國特色的談話技巧，如果不能從話語中聽出別人的情緒，那也就談不上有效的溝通了。

根據行為學家的研究，在面對面溝通的過程中，語言發揮的作用占七％，語調的作用占三八％，肢體動作占五五％。由此可見，把握話中情緒的語調甚至發揮了比語言本身更重要的作用。

語調，也就是說話的語氣、聲調、語速快慢和聲調高低。

語調的作用主要在於感情的表達。它雖然不如語言那樣明確，但傳達的訊息量卻要比語言豐富得多。一首樂曲能夠感人至深、催人淚下，靠的就是聲音的感染力。語調的抑揚頓挫，緩急張馳，會給語言帶上不同的情緒色彩。

徐永最近苦學《現代漢語》，每天早上都起得很早朗讀一篇文章。

同學納悶了：「怎麼現在開始返璞歸真了，人家都拼命學習外語呢，你怎麼又倒了回來？」

徐永歎了一口氣說：「還不是受到了教訓嗎？」

同學說：「什麼？難道是因為你說話說不清楚，不可能啊！畢竟我們在中國都生活了這麼多年了，要說漢語豈不是信手拈來，和我說說到底是什麼事。」

徐永說：「你第一次聽我說話的時候是什麼感覺？」

同學想了想說：「第一次聽你說話，就覺得你挺靦腆的，因為聲音特別小，而且還軟軟的，可能是跟你生活在南方有關。後來習慣了，也就覺得沒什麼了。」

徐永說：「這就對了，其實你應該早點提醒我的，我上次應徵失敗就是因為這個原因。」

同學張大了嘴巴：「這能有什麼影響啊？」

徐永點了一支菸，告訴同學：「前些天我不是去一家公司應徵了嗎，是一個朋友介紹的。那家公司我很喜歡，待遇好，而且企業文化也很讓我欣賞。見人力資源部的經理的時候，我就先把自己的情況介紹了一下，他又問了我幾個專業的問題，我回答挺順的，這些知識都是我平常學的很好的，心想應該沒什麼問題，可是，過了幾天結果出來，沒有我的名字。」

同學說：「你沒有去問問原因到底出在哪裡嗎？」

徐永說：「怎麼會沒問呢，看到結果我就跑去找介紹我進去的那個朋友了。朋友跟我說，人力資源部的經理告訴他說這個小夥子怎麼一點自信都沒有，說話的語氣低低的，沒什麼起伏，好像是事先背好的，聽不出一句激昂一些的話。他還說，他在問我有沒有信心得到這個工作的時候，我就只是低著腦袋說了一句有，聽起來有氣無力，一點魄力都顯現不出來。所以，我下定決心，一定要把自己說話的語調改變過來！」

明明有才幹，可是因為面試時語調方面的問題，居然被公司拒之門外，這聽起來似乎有些荒誕，但是也不無道理。試想，面試官對你的第一印象肯定是從你的外表，你的語言中得來，一個說話有氣無力的人，氣勢上首先就會輸掉一半。

房地產公司培訓銷售員工的時候，有這麼一個說法：就算你對客戶提出的問題沒有十足的把握，你也要用流暢和堅定的語氣告訴他答案！如果你結結巴巴地告訴他，就算你說的十分正確，他也會覺得你是不可信的。

言談中的情緒十分重要，這就要求我們在與人溝通的時候要學會傾聽的藝術，從語言的深層含義，從語言的語調中仔細觀察，我們才能準確把握他人的情緒。

第四節

習慣動作暴露情緒指數

如果我們無法看出別人的身體動作背後的情緒，錯過動作中表現出來的情緒信號，那麼很有可能會弄巧成拙。

每個人都會有些與眾不同的習慣性小動作，這種小動作被稱為「身體語言」。有的人喜歡摸頭髮，有的人喜歡摳鼻子，有的人喜歡拉衣角，有的人喜歡咬手指，這些動作看起來可有可無，沒有什麼出奇的地方，但是，也可以看出一個人的情緒狀態。

馬立現在越來越崇拜自己的妻子小美了，因為，每次他說謊的時候，小美總能看出來。

一個週五的下午，馬立想起好久沒有跟一幫哥兒們相聚了，就打個電話給小美，說他晚上要加班，下週一要趕著交差。

小美答應了，叮囑他不要工作的太晚。

馬立這下可高興極了，趕緊打電話找了四、五個朋友去喝茶打麻將。

這個晚上過得真開心，沒人嘮叨，沒人阻止抽菸，沒人總拖著你跟她一起看無聊的肥皂劇。

為了到家好跟小美交待，馬立咬咬牙一口酒也不喝。

到了晚上十一點多的時候，馬立準備走了。

走的時候還檢查了一下身上有沒有什麼蛛絲馬跡，徹底檢查完了之後，進了家門。

小美已經睡了，他也就趕快上床，心想，小美還挺好騙的，下次再用這一招。

第二天早上吃早飯的時候，小美問：「工作怎麼樣，都完成了吧，看你累成這樣。」

馬立說：「可不是，最近工作多到我都快累得趴下了。」

小美忽然笑了，說：「老實交待吧，昨天到底做什麼去了？」

「沒有啊，我就是……加班啊！」

「還不承認，待會兒我打電話到你們公司去。」

馬立只好承認了：「對不起，小美，我騙妳的，昨天我跟一幫哥兒們玩了。」

事情敗露的馬立悶悶地吃著飯，他知道自己今天一天只能靠陪小美逛街贖罪了，不過心裡還是直犯嘀咕：女人的直覺可真準啊！

小美看著丈夫疑惑的表情，偷偷笑了，其實她一點都不知道昨天馬立騙她，只是在今天早上隨口問他的時候，馬立摸了好幾下鼻子，這才讓小美起了疑心。

因為，馬立一緊張，他的小動作就是摸鼻子。

真沒想到，「摸鼻子」這個簡單的小動作居然可以暴露人的情緒，但這並非沒有科學依據，美國幾位科學家發現，當人撒謊時，緊張的情緒會讓他們鼻腔裡的細胞組織充血，使鼻子較之平常更大、更紅腫。儘管上述變化可能不明顯，其他人用肉眼也許根本就無法注意到，但撒謊者本人卻會因為鼻腔組織充血而感到搔癢並用手去抓撓。

情緒往往會帶動身體內部組織的運動，從而帶來一些外在的表現。透過對日常生活的觀察，我們總結了以下幾個方面：

一、比手畫腳

有這種小動作的人，一般情緒會比較容易衝動，他們的情緒僅僅在話語的宣洩中得不到滿足，迫切需要透過身體的語言發洩出來。而且，這些人對探聽他人祕密的興趣特別濃厚，自己知道了，便急不可待地傳播出去，有語不驚人死不休的性格。

二、以手掩口

有這種小動作的人，情緒容易低落。他們的表現多是為了掩飾自己內心深處的祕密，希望不讓人察覺，有過分自卑的傾向，多是具有雙重性格的人。

三、時常輕拍別人肩膀

驕傲的情緒比較明顯，他們覺得自己比別人強或占優勝，才會以輕拍別人肩膀來傳遞自己對別人的同情或支援。

四、把手指關節弄得啪啪響

內心對即將面對的事物有恐懼的情緒，所以借助手指發出的聲音來為自己壯膽，這種人一般愛故弄玄虛，虛張聲勢。

五、抓頭髮

喜歡抓頭髮的人都是健忘、易受情緒支配的，當情緒不穩定時，便會做出這個動作，希望在惶恐時抓著一些憑藉。

六、頻頻吐舌

這些人多缺乏自信，常擔心別人對他責備，因此顯得有些神經質。無論在完成大小事情後，都希望得到別人的評價，但又不太承受得起批評，便會出現這些小動作。

七、拖著鞋走路

這些人多數都是意志消沈，不大懂得爭取改善困境的人，遇到困難時，只會採取拖延政策，希望可以得過且過。

這真是一件神奇的事情，動作中蘊含的情緒竟是如此豐富。與口頭語言不同，人類的身體語言表達大多是下意識的，是思想的真實反映。人可以「口是心非」，但不可以「身是心非」，以身體語言表達自己是一種本能，透過身體語言瞭解他人也是一種本能，是一種可以透過後天培養和學習得到的「直覺」。

劉雲海在某部人事司工作，因為工作需要經常要找下屬談話，本想借此機會多瞭解一些部裡幹部情況和下屬的想法，可是下屬好像都不願意敞開心扉，每次談話總是草草收場，就連平時下屬也不太願意和他交流。

劉雲海很委屈地告訴他的一個心理學方面的朋友趙川：「其實我很注意和下級的往來，從來不打『官腔』，力爭平等地對待每一個下屬，也很願意和下級溝通，可是為什麼大家對我還是有這麼強烈的生疏感呢？」

趙川聽後，就在劉雲海的辦公室裡坐了一段時間，認真觀察他對別人的態度。正如劉雲海自己所說的那樣，對來談工作的同事，無論職務的高低，他都是熱情接待，可是當開始交流的時候，劉雲海就顯得有點「心不在焉」了，下級彙報工作的時候，劉雲海很少把目光投向下屬，雖然也在認真聽，可是手邊總是「不閒著」，一會兒批批文件，一會兒看看筆記本，有時下屬的話還沒有說完，劉雲海就會打斷，表明下屬的意思他已經明白了。

趙川告訴劉雲海，原因就在他的動作上。

劉雲海不明白了，趙川告訴他：「就在我觀察你的這段時間裡，起初來了人，你確實很熱情，但是，他們一開始說話，你就拿拿這個，翻翻那個，好像很忙的樣子，下屬這個時候就會覺得你是不是情緒很煩躁，煩躁的時候誰還敢跟你一個勁兒地報告工作呢？而有的時候，在別人認真跟你說話時，你又不把眼睛放在他們身上，這會讓他們覺得你有點看不起他們，他們所說的話沒有得到重視！」

劉雲海說：「真的這麼嚴重啊，我這只是習慣動作罷了。」

趙川拍了拍劉雲海的肩膀：「小地方不可隨便啊，哈哈。你把你這些習慣性的動作改掉，聽人說話的時候多看著對方，人家講話的過程中，盡量不要再去動別的東西，堅持一段時間後，你就會發現效果的。」

像劉雲海這樣工作繁忙，邊辦公邊和下屬交流的主管在我們的身邊可不是少數。他們總能「一心多用」，似乎在忙於其他工作，似乎又在傾聽下屬的彙報。這樣的主管從表面上看好像工作效率高，很有魄力，實際上他們不專注的行為卻是「拒下屬於千里之外」了，他們的動作很容易讓下屬錯誤的理解主管的情緒。結果，很多重要的資訊主管沒有捕捉到，下級的很多新鮮的想法或者建議不能及時反映出來，上下級的工作錯過了一次很好的激盪和交流的機會，而工作中發現的漏洞也不能得到及時的重視，甚至會導致上級判斷和決策的失誤。

習慣動作，往往表現得更加直接，人與人溝通的時候也很容易就拿這個來當作衡量情緒的標準。如果我們無法看出別人的身體動作背後的情緒，錯過動作中表現出來的情緒信號，我們很有可能會弄巧成拙。反過來，如果我們不注意自己的身體動作，當別人拿這個標準來衡量我們的情緒時，也就很可能會誤會我們本來的意思。

第四章

為情緒重新打包

現代生活的節奏一天天在加快，很多時候，我們急於趕路，而忘了好好調整我們的行李，要麼背負太多，要麼準備不足。

重新打包就是要我們重新看看自己背負的是什麼，是一段不愉快的過去？是他人的看法？是對現在的對抗？是太多的欲望？還是永無休止的擔心……讓我們直接面對心中的困擾，正視它，然後利用合適的方法來加以處理和整理，讓自己的旅行包簡單而實用。

第一節 大禹治水的啟示

情緒如洪水，宜疏不宜堵。但在傳統觀念中，很多人將情緒分成了好壞，好的情緒就像好的士兵一樣，只要我們對它多加鼓勵，它就更能建立功勳；而對不好的情緒就要拚命壓制，不讓它有出頭之日。

大禹所處的時代洪水泛濫、久治不息，他的父親鯀就是受堯命而治水，因不得治水之法，以壘壩築偃，堵塞洪水為己任。結果越治越氾濫，水患益盛，最後被帝舜治罪，身死羽山。大禹子承父業，受舜命於危難之際，獻身於治水，並以治水成功而傳名後世。

大禹治水，一改其父「以壅塞而阻水」的方法，以疏通河道，宣洩洪流為主，經過十三年的努力，「勞神焦思，澤行路宿」，「三過家門而不入」，「以蹙洪水」，終使「洪波安息」，「水患大治」。

這種疏導的工程理念，我們也可以在情緒管理上拿來一用。

情緒如洪水，宜疏不宜堵。

但在傳統觀念中，很多人將情緒分成了好壞，好的情緒就像好的士兵一樣，只要我們對它多加鼓勵，它就更能建立功勳；而對不好的情緒就要拚命壓制，不讓它有出頭之日。

今日堵，明日堵，只會讓它壓抑太久，爆發出的力量更可怕。

美國一家研究所曾經進行過一次「味覺」的研究。

研究人員將腐敗的牛肉、臭雞蛋、廢氣、糞便、餿水、魚腥草依次給志願者聞過，志願者雖然表示非常厭惡，但是還可以接受。而當研究人員把這所有的東西經過混合，將提取出來的汁液給志願者聞的時候，他終於嘔吐起來，等平靜下來，他告訴研究人員，在嗅到那種味道的第一時間，他甚至都想死了。

負面的情緒也是這樣，一點點也許不會導致極端的行為，但是長久累積下來，卻有可能成為決堤之禍。

人類都是有情緒的，這些情緒如果不以創造性的途徑發洩出來，就會以破壞性的途徑發洩。如果以破壞性的途徑發洩，指向內部會導致個體的壓抑痛苦，膽怯保守，扼殺生命力和活力，培養出自私、嫉妒等不受歡迎的性格；如果指向外部就更可怕了，依照個人能力的不同可能造就出欺負兒媳的婆婆、殺害無辜的惡魔、屠殺猶太人的納粹，或者鼓吹核子戰爭的狂人……總而言之，都是一些追求他人不幸的願望強於追求自己幸福願望的傢伙。

彰化一名退休女教師因不滿隔壁早餐店太吵雜，當場對客人咆哮，嚇得客人不敢上門，老闆娘不堪生意一落千丈，一氣之下到女教師家辱罵三字經，還丟雞蛋洩憤。

彰化地院判決老闆娘應賠償女教師十萬元並登報道歉，但老闆娘不服氣，認為自己才是受害人，決定再提出上訴。

經營早餐店的蕭姓婦人表示，她和女教師四年前搬到社區住，原本鄰居感情還不錯，直到早餐店開張後，對方多次抱怨受不了油煙氣味。後來，她花錢裝設排油煙機，女教師又把矛頭指向早餐店太吵，導致雙方交惡。

判決書指出，去年十月二十二日清晨，女教師走到早餐店，怒斥在場吃早餐的學生：「買完早餐後趕快去學校上課，否則就要抄下學號交給訓導處！」學生一聽嚇得趕緊離去，從此，學生客源銳減，生意門可羅雀。

被惹火的老闆娘，隔天到女教師家破口大罵三字經，並朝住處大門和汽車丟擲雞蛋。

老闆娘拿出一本帳冊表示，以前每月有八至九萬收入，現在一個月只剩不到四萬，已快經營不下去了，並坦承當時一時氣憤太衝動，不堪入耳的髒話才會脫口而出。

不懂得舒緩情緒，往往損人害己。

有一天，美國國防部長斯坦頓來到林肯跟前，氣呼呼地對他訴說一位少將用侮辱的話指責他偏袒一些人。

林肯建議他寫封信針鋒相對地反駁。

「這樣你不就可以狠狠刺痛他一下了嗎？」林肯說。

斯坦頓立即寫了一封措詞很強硬的信拿給總統看。

「對，就要這樣！」林肯完全贊同，大聲喊道：「寫得好！嚴厲的批評他一頓，這是個最好的辦法，斯坦頓。」

但是當斯坦頓把信疊好要放進信封時，林肯卻阻止了他，並問他：「你打算怎麼處理它？」

「寄出去呀！」斯坦頓被這麼一問，有些丈二金剛摸不著頭腦。

「不要胡鬧！」林肯大聲說：「你不能把這封信寄出去，快把它扔進火爐中吧！每當我發火時，我就盡情的寫封信發洩，寫完後就把它扔掉，也就心平氣和了。記住，我們可以用不同的方式來發洩自己的不滿，但沒有理由去傷害別人！我常常就是採用這種方法解除一時的氣憤和煩惱的。以後遇到煩惱和想不開的事情，就採用這種辦法，只要試過幾次，包準見效。」

斯坦頓站在那裡半天沒作聲，好像在想著什麼……

林肯又說：「少將先生，難道你還沒有冷靜下來嗎？」

斯坦頓撕掉了信，輕鬆地走了。

這是一種透過不傷害別人的發洩來達到冷靜下來的方法，即達到了緩解情緒的效果，又不傷害別人，非常值得我們學習。

林立在公司裡的人緣很好，他性情溫和、待人和善，幾乎沒人看他生氣過。

那麼，他的祕訣在哪裡呢？

有一次，一個朋友經過他家，順道去看看他，卻發現他正在頂樓對著天上飛過來的飛機吼叫，朋友好奇地問他原因。

他說：「我住的地方靠近機場，每當飛機起落時都會聽到巨大的噪音。後來，當我心情不好或是受了委屈、遇到挫折，想要發脾氣時，我就會跑上頂樓，等待飛機飛過，然後對著飛機放聲大吼。等飛機飛走了，我的不快、怨氣也被飛機一併帶走了！」

一味壓抑心中不快，並不能解決問題。在生活節奏緊湊繁忙的現今社會中，人人都應學習如何舒解自己的精神壓力，如此才能活出健康豁達的人生。

一般而言，女人的壽命會比男人長五年，其原因到底是什麼呢？除去女性生理方面與男性的差異，還有一個原因讓很多人都大為驚訝。那就是女人愛哭！為什麼愛哭居然也可以長壽呢？原來，哭其實也是發洩情緒的一個很好的途徑。

法國里昂一個專門從事治療精神抑鬱症的心理診所主任派翠克・勒莫瓦博士寫了一本書《眼淚的性別》，解答了「女人為什麼愛流淚」、「眼淚對緩解心理壓力的作用」等問題。

勒莫瓦博士認為因為傳統觀念的影響，使眼淚就有了「性別」，男人無權流淚，強大的社會壓力「剝奪」了他們流淚的「權利」。因此，男人很難表達自身的情感；女人則擁有更多的空間和自由來掌握自己並與人溝通，並在流淚中學會了如何更好地管理情緒。

在勒莫瓦博士看來，眼淚是溝通情感、表達悲傷、恐懼、憤怒和快樂的方式。他認為，流著淚的交流，是擺脫抑鬱的最好方式，是控制情緒、降低精神創傷的補充手段。人應該生活在一個快樂的社會中，眼淚能夠讓男人「解壓」，減少暴力衝動的欲望。

現代人處在一個快速發展，高度競爭的社會，不得不一直將自己上緊發條，遇到的壓力可想而知，而壓力也正是造成情緒不穩的直接原因。聰明的你，學著釋放自己，用有效安全的辦法去緩解壓力，這樣才能更好地生活和工作。試想這樣一個情景：站在同一個起跑線上，同樣的身體條件，你輕鬆上陣，他負重前行，誰會更快呢？

第二節

我思故我在

如果我們能分門別類地把情緒放好，是不是一切就會更簡單一些呢？思考就是一個搬運情緒的過程，透過思考，瞭解情緒產生的原因，制定適當的策略，這樣才能事半功倍。

羅丹的《沉思者》用深沈的目光以及拳頭觸及嘴唇的姿態，塑造了一個永垂不朽的思想者形象，會思考、能思考的人才是最能把握自己，成就自己的人。

我們在人生路上匆匆前進的時候，也應該稍微放慢腳步，剖析自己，更加清楚地認識自己，從而可以更有效地管理自己的情緒以及人生。

古希臘有一個偉大的王國，百姓安居樂業，國力昌盛繁榮。

可是，老國王患了重病，御醫告訴他說只剩半個月的時間了。

知道自己時日不多了，老國王決定在三個兒子中挑選一個做接班人。可是，到底應該挑誰呢？三個兒子都各有才智，這讓老國王一籌莫展。

老國王的貼身大臣幫他出了一個主意，老國王聽完之後，說：「好，就這麼辦！」

他把三個兒子召集到身邊，用低沈的聲音說：「孩子們，父皇快要死了！」

三個兒子都非常悲痛，二兒子問：「父皇，真的就沒有別的辦法了嗎？」

老國王說：「辦法也不是沒有。聽大臣們講，在五十公里外已經荒廢的德古拉伯爵的莊園裡，有一棵很名貴的蘋果樹，那上面的蘋果可以治我的病。但不是誰去摘都可以，只有帶著孝心的人去摘才真會產生效用。孩子們，你們願意去嗎？」

三個兒子異口同聲的說：「我願意！」

老國王又說：「守護這棵蘋果樹的是一種很兇惡的動物，孩子們，我希望你們發揮你們的才智，順利取回蘋果。」

三個兒子分別得到了國王贈送的千里馬，告別了父親，出發了。

三天之後，小兒子回來了。

又過了一天，二兒子回來了。

再過了一天，大兒子回來了。

雖然時間不同，但是無一例外，他們都拿到了新鮮的蘋果。

老國王微笑地看著他們，說：「你們都是孝順的孩子，每一個我都喜歡。其實，這個蘋果並不能救我的命，我只是想從這件事上觀察你們的品行和做事的風格，從而為我們的王國選擇一個合適的接班人。現在我宣布，小皇子成為我的接班人。」

大兒子和二兒子都有些不服氣。

老國王說：「其實，在你們走後，我就派了人跟在你們後面觀察你們的一舉一動，並隨時向我報告。大皇子，你為什麼會晚了一天，是因為你走的時候根本就沒有弄清楚路線，結果走了彎路，對不對？」

大兒子點頭說：「是的，父親。」

老國王接著說：「二皇子呢，雖然你回來的也很早，但是你是受傷最重的一個，這是那隻兇猛的動物給你留下的傷痕吧。你的勇敢我很欣賞，但是並不是勇敢就可以解決一切問題。要是你受了更嚴重的傷，那這個國家該怎麼辦，我和你母后又該怎麼辦？」

二兒子低下頭來若有所思。

老國王又說：「小皇子在走之前認真的研究好路線，並且制定了對付怪獸的策略。其實方法很簡單，這隻怪獸最愛吃一種香蕉，只要有了香蕉，牠就會乖乖地不再吵鬧。只有小皇子做到了這點，你們說，一個善於思考的人是不是更適合去統治一個國家呢？」

兩個哥哥慚愧地低下頭，拉住弟弟的手說：「我們心悅誠服，以後會好好輔佐你。」

說罷，三兄弟的手緊緊握在一起。

老國王看到這一切，靜靜地閉上了眼睛。

故事中，小皇子用自己善於思考的頭腦贏得了父親的信任，也贏得了兩個哥哥的信任。如果人生是一場戲劇，那麼這個世界對於善於思考的人來說是喜劇，對於不善於思考的人來說則是悲劇，只有善於思考的人才是真正有力量的人。

不善思考的人，縱使有著衝天的豪情，無敵的財力，也註定奪取不了最後的勝利。中醫看病的時候講究「望、聞、問、切」，事先的做好思考，做好準備，才能一擊而中。「一個不會思考的民族將是無用的民族。」其實，無論是一個國家、一個民族，還是一個企業、一個家庭，甚至只是一個人，沒有了思考，就會步履維艱，停滯不前。

我們在對情緒管理的時候，也需要冷靜進行一場「腦力衝擊」，把自己的情緒剖析清楚，這樣，管理起來就會更有效果。

經過一段時間的情緒低潮，我們依次來想這些問題：

一、最近我的情緒到底是怎樣的？

二、為什麼我會產生這樣的情緒？

三、什麼原因會導致我有這樣的情緒？天氣？工作？愛情？（找出最主要的原因。）

四、放任我的情緒會對生活產生怎樣的影響？

五、如果我可以控制自己的情緒，那生活又會產生怎樣的變化？

六、權衡利弊，哪個變化我更希望接受？

七、我該怎麼做？（制定步驟，繼續努力。）

當這些問題都有了清晰的回答之後，我們再去對症下藥，更有可能藥到病除。

潘麗是一家廣告公司的客戶經理，她給人的印象永遠都是朝氣蓬勃，樂觀向上，甚至有時候一些客戶的胡攪蠻纏都讓周圍的人看不下去了，潘麗依然耐心對待這一切。

原來，潘麗每天晚上下班之後都給自己設定了一個「Thinking Hour（思考時間）」，不長，大概三十分鐘的樣子。

在這段時間，潘麗關掉電話，自己一個人靜靜地坐在家裡，開始對自己今天一天的生活進行思考。比如，今天公司給我的任務我有沒有完成？我是否在自己的能力之內做到了讓客戶滿意？我是否可以做得更好一點？

她把這些都認真的在腦子裡想了一遍，甚至有時候還會寫在筆記本上，提醒自己。

她說，每當想過這些事情之後，就會覺得更加安心，對於第二天的工作更加有信心，也更加有方向。時間一久，已經養成了習慣，要是有一天沒有安靜的思考，還會覺得缺少了什麼。

潘麗的習慣對她的職場生涯幫助很大，她在思考的過程中更容易找到自己的問題，從而去改善自己。一個人善於思考，才能融會貫通，遊刃有餘，立於不敗之地。多想想別人，多想想事情的結果，認真對待，慎重處理，這樣一來，一旦發覺自己出現了衝動的徵兆時，就可以及時克制。

我們在書架上找書的時候，都會有這樣的體會：如果書架上的書亂糟糟的，往往找了很久也找不到自己想要的書，做事的效率無端降了很多。但是，如果書架上的書放得整整齊齊的時候，要找一本書，簡直不費吹灰之力。換在情緒上，如果我們也能分門別類的把情緒放好，是不是一切也會更簡單一些呢？思考就是一個搬運情緒的過程，透過思考，瞭解情緒產生的原因，制定適當的策略，這樣才能事半功倍。

第三節

按時給情緒來一次全面體檢

情緒體檢也算是健康檢查的一部分，但情緒體檢又有一些特殊的地方。它不像健康檢查一定需要到專門的醫院裡才能解決，我們每個人都可以做自己的情緒醫生。

沒病也要去醫院！現代人越來越注意健康問題，健康檢查已經成為每年必做的功課。健康檢查是在身體健康時主動到醫院或專門的體檢中心對整個身體進行檢查，主要目的是為了透過檢查發現是否有潛在的疾病，以便及時採取預防和治療措施。

情緒體檢也算是健康檢查的一部分，但情緒體檢又有一些特殊的地方。它不像健康檢查一定需要到專門的醫院裡才能解決，我們每個人都可以做自己的情緒醫生。

為了在以下的內容中比較量化地說明情緒問題，我先引入一個概念——EQ，中文簡稱為「情緒智商」。它是由美國哈佛大學心理系教授丹尼爾·戈爾曼在一九九五年出版的書中提出的。

戈爾曼認為，EQ包括抑制衝動、延遲滿足的克制力，包含了如何調適自己的情緒、如何設身處地為別人著想、感受別人的感受能力，以及如何建立良好的人際關係、培養自動自發的心靈動力。簡單說來，EQ是一種為人的涵養，是一種性格的素質。

一個人的情緒智商包括哪幾個方面的內容呢？

目前，國際比較認可的是以下這五個方面的內容：

第一，認識自身的情緒。

認識情緒的本質是EQ的基石，這種隨時隨地認知自身感覺的能力對於瞭解自己非常重要。瞭解自身真實感受的人才能成為生活的主宰，否則必然淪為情緒的奴隸。

第二，妥善管理情緒。

情緒管理必須建立在自我認知的基礎上。在管理情緒這方面不合格的人往往很容易走進低落、憤怒或者恐懼的情緒陷阱中，而能控制自身情緒的人則能很快走出命運的低谷，重新奔向新的人生目標。

第三，自我激勵。

自我激勵包含兩方面的意思：①透過自我鞭策來提高或者保持對學習和工作的熱情，激勵自己愈挫愈勇，不輕言失敗，這是一切成就的動力。②透過自我約束來克制衝動和延遲滿足，這是獲得任何成就的保證。

第四，理解他人情緒。

善於設身處地的理解他人的情緒，是我們瞭解他人的需求和關懷他人的必備條件。戈爾曼用 empathy(同理心）來概括這種心理能力。「同理心」是同情、關懷與利他主義的基礎，具有同理心的人常能從細微處體察出他人的需求。

第五，人際關係管理。

恰當管理他人的情緒是處理好人際關係的一種藝術。這方面的能力強意味著他的人際關係和諧，人緣好，會做人，適合擔任領導者的工作。當然，這種能力要以同理心為基礎。

在這五個方面中，前三個方面只涉及「自身」，是對自身情緒的認識、管理、激勵與約束；

後兩個方面則涉及「他人」，要設身處地理解他人情緒，並透過妥善管理他人情緒來達到人際關係的和諧。換句話說，EQ的基本內涵實際上包括兩個部分：第一部分是要隨時隨地認識理解並妥善管理好自身的情緒；第二部分是要隨時隨地認識、理解並妥善管理好他人的情緒。

我們的情緒體檢主要就從這兩個方面的內容出發。在國際上，有很多關於EQ情緒智商的測驗題，最全面的是要測量工作EQ，目前廣為使用的量表是情緒能力問卷（ECI：Emotional Competence Inventory），總共有一百一十個題目，很特別的是ECI使用三百六十度全方位的資料收集方法，它不只是問當事人，也會從他的上司、屬下和同事來瞭解當事人的工作EQ，做出來的結果當然就比較客觀而準確。

在網路上有很多關於EQ測試的題目，往往用一題或者更多道題目（最多不超過三十題）來檢測你對事物的看法，對情緒的處理，然後做出結論。這樣的方法深受人們的喜歡，因為它的題目一向都設計的比較輕鬆有趣。但是，這種網路測驗越來越泛濫，例如在某熱銷的時尚雜誌中，化妝時將重點放在胭脂方面的女性被判斷為「對異性的警覺力相當弱」，「無論對方是真心或者是蓄意欺騙，均無法分辨」。這樣的結論根本就沒有科學依據。所以，心理學的專家也呼籲大家可以抱著遊戲的心態玩玩，但是千萬不要拿一題或者兩題的測驗來決定自己的人生。

其實，我們在日常生活中的情緒體檢完全可以用既簡單又科學的辦法。

林蘭每個星期都會給自己來一次情緒體檢。

一到週五的晚上，她就拿出自己的情緒表格，這其實是個很簡單的表格，上面列了幾行名稱：

1.時間。

2.情緒狀況。

3.原因。

4.直接導致的結果。

5.這種情緒對嗎？

6.我為此失去了什麼？

7.下次應該怎麼做？

然後就開始細細回想自己這個星期的表現。

比如，週二的晚上，林蘭徹夜加班，導致第二天情緒非常低落，辦事效率很低。

她就認真在表格上填下：

1.週二。

2.低落。

3.不注意休息，身體疲憊。

4.給上司的報表中居然犯了幾個簡單的計算錯誤。

5.當然不好。

6.上司要我重新做，浪費我的時間和精力，同時情緒更加低落。

7.首先，要注意身體健康；其次，盡量把最好的狀態展示在工作上。

就按照這樣的步驟，林蘭輕輕鬆鬆就把這週的情緒都記錄下來。

看著情緒記錄上自己曾經因為憤怒而生悶氣的記錄，林蘭都忍不住笑了起來，怎麼會那麼幼稚，下次可不能這麼意氣用事了。

林蘭的題目看起來簡單，但是其中也是考慮到了情緒的各個方面，我們可以用下面的四點來概括：（1）察覺及表達情緒；（2）在腦中想像情緒狀態；（3）分析情緒成因；

（4）制定管理辦法。我們倒不用也採用林蘭的辦法，其實只要在情緒體檢中認真地考慮到各個方面，就可以算作是一場有效的體檢。而且，更重要的是，在體檢完之後，我們有沒有堅定的信念去努力管理好自己的情緒。

附：情緒測試

要想知道你的ＥＱ有多少，請完成以下的測驗，每道題目同意得一分，選不同意不得分，將你所得分數累加起來。

1.與你的戀人或者愛人發生爭吵後，你能在他人面前掩飾住你的沮喪。
2.當工作進行的不順利時，你認為這是對未來的一個警告。
3.你最好的朋友開口說話以前，你就能分辨出他（她）處於何種情緒狀態。
4.當你擔心某件事時，你在夜裡幾個小時內難以入睡。
5你認為大多數人必須更加努力而不要輕易放棄。
6.與你最好的朋友告訴你一些好消息相比，你更容易受一部浪漫影片的感染。
7.當你的情況不妙時，你認為到了你該改變的時候了。
8.你經常想知道別人是怎樣看待你的。
9.你對自己幾乎能使每個人高興起來而感到自豪。
10.你厭煩討價還價，儘管你知道討價還價能使你少花一些錢。

11. 你十分相信直率的說話，而且認為這樣能使一切事情變得更為容易。
12. 儘管你知道自己是正確的，你也會轉換這個話題，而不願進行一場爭論。
13. 你在工作中做出一個決定後，會擔心它是否正確。
14. 你不會擔心環境的改變。
15. 你似乎是這樣一個人：對於週末去幹什麼，你總是能夠提出很有趣的設想。
16. 假如你有一根魔棒的話，你將揮動它來改變你的外貌和個性。
17. 不管工作多麼盡心盡力，你的老闆似乎總是催促著你。
18. 你認為你的戀人或愛人對你寄以厚望。
19. 你認為一點小小壓力不會傷害任何人。
20. 你會把任何事情都告訴你最好的朋友，即使是個人隱私。

十六分或十六分以上：

你對自己很有信心，當處於強烈的情感邊緣時，也不會被擊垮。即使在憤怒時，你也能有效的自我控制，保持著彬彬有禮的君子風度。在控制情感方面，你很出類拔萃，與他人相處得也很融洽。但記得要避免太依賴社交技巧，而忽視其他成功所需要的因素，例如艱苦的奮鬥和創新的想法等。

七分到十五分：

你可以感受到自己和他人的情緒，但有時會選擇忽視它們。你對換一台新車或買一棟更漂亮的房子等現實上的目標更為關心。然而，無論實現多少物質目標，你仍然感到不滿足。試著多照顧自己跟他人的感受，你會更幸福。你有時會因挫折而意志消沈，但很快就能重新站起來，從中吸取經驗，創造自己的新優勢。

六分或者六分以下：

你喜歡打破社會常規，較不在乎別人的眼光，這種方式可能在短期內取得一定的成果，但長久易引起他人的不滿。控制住你易衝動的天性，學著多關心別人，試著站在別人的立場設想，你會更快樂。學會控制自己的負面情緒，多發揮你的正面能量。

第四節

建立信念：我們一定可以戰勝壞情緒

人可以思考，更重要的，人可以透過駕馭自己的情感和意志來征服命運。這是人性光輝的地方，是人類英雄主義的根本特徵之一。

情緒的問題已經越來越受到人們的關注，人們普遍而深刻地認識到了情緒的巨大作用。可是，在嘗試過社會上很多情緒管理的辦法之後，有人抱怨說：「怎麼回事，好像我的情緒並沒有得到任何改善。」索性自暴自棄，反正也改善不了了，就這樣算了。有些人甚至患上了「情緒恐懼症」，一次改善不了，兩次改善不了，情緒更加容易波動，更加難於掌握。

其實，情緒並不是不可戰勝的。首先我們應該明白的是：情緒的力量確實很強大，並且會貫穿於人的一生中，所以短時間之內我們不可能會完全控制它，也正因為如此，當我們還無法達到完美控制情緒的時候也不用太過擔憂。正如有一句話所說：「大海裡的船沒有不帶傷的。」我們被情緒所累本身就是一件很正常的事情。千萬不能因為一兩次的無法控制就認為自己沒有能力去管理情緒，形成「習慣性無助」。

心理學家曾經做過一個有點殘忍的實驗：

他將小白鼠放到一個有門的籠子裡，籠子的底部是金屬的，然後，給籠子底部通上低電流，使小白鼠受到雖然不致命，但是會引起相當痛楚的電擊。如果將籠子門打開，小白鼠會立刻跑出籠子以逃避電擊。但如果用一個玻璃板將籠子門堵住，那麼小白鼠在遇到電擊往外跑的時候，就會在玻璃板上撞一下，然後被擋回來。

重複給籠子底通電，使小白鼠一次又一次地在企圖逃跑的時候受到玻璃板的阻礙。

最後，小白鼠學會了屈服，牠匍匐在籠子裡，被動地忍受著電擊的折磨，完全放棄了逃跑的企圖。

這時，即使籠子門上的玻璃板移走，而且讓小白鼠的鼻子從門伸出籠外，牠也不會主動逃出籠子，而是放棄所有努力，絕望而被動地忍受著痛苦。

小白鼠的這種狀態，在心理學上被稱為「習慣性無助」。

習慣性無助是描述動物（包括人在內）在願望多次受到挫折以後，表現出來的絕望和放棄的態度。這時的基本心理過程是退縮和放棄，對人來說，還有自我懷疑、自我否定和自我設限等，使人變得悲觀絕望、聽天由命，聽任外界的擺布，任自己的命運隨著外力的強弱而波動起伏。

有人可能認為，人和小白鼠不一樣，人如果看到有獲救的希望，肯定會去試一試。但事實上，很多人的表現卻和小白鼠極為相似。當我們說「理想已經被現實磨平了」的時候，當我們說「現實帶給我的是一次次打擊，我終於放棄」的時候，還有開頭我們提到的人們在無法管理情緒時所表現出來的自暴自棄，這都是「習慣性無助」的明顯表現。

人成長的過程中，如果在某一方面總是受到其他人的批評或負面評價，他會傾向於漸漸形成一種信念，認為自己在這方面真的不行，從而放棄努力。同樣，人在做一件事的時候，如果一次又一次地遭到失敗，他也會傾向於放棄再試一次的努力，認為自己無論如何也做不好這件事。就像那隻小白鼠，玻璃板其實不是擋在籠子門口，而是擋在牠的心裡。

阿坤是典型的膽汁型人格，很容易衝動，小時候在學校就是讓老師頭疼不已的孩子，芝麻點大的小事，他都會跟人理論。可是真要是理性地說也好，偏偏他又容易激動，說不了幾句就動起手來了。

每個星期，阿坤的爸爸媽媽都要來學校把他從訓導處領回家。

阿坤的爸爸也是個脾氣很暴躁的人，他不懂什麼管理孩子的辦法，反正孩子淘氣了，棍棒之下出孝子，領回家就打一頓。

還好，阿坤雖然脾氣暴戾，但是成績很好。

大學畢業之後，他進了一家公司做營銷部經理。

剛進來的時候，也是在公司的創業時期，阿坤的脾氣在這個時候派上了用場，他敢衝敢做，很快就為公司打下了一片天下。

但是，阿坤的情緒仍然控制不住，常常因為手下的職員辦事不力而大發脾氣，但是因為功績實在突出，老闆都敬他三分，所以周圍的同事們也就這麼得過且過。

可是，就算公司裡所有的人都怕他捧著他，新上門的客戶可沒理由吃這一套。所以，阿坤的壞情緒氣走了好幾個大客戶。

老闆實在看不下去了，就跟阿坤好好的談了一次，勸他注意改善一下自己的情緒，並介紹了一些情緒管理方面的專家給他。

剛開始，阿坤還挺有興趣的，可是去了幾次專家那裡，他覺得自己情緒上來的時候，好像還是沒有改善。

時間一長，阿坤的老毛病又犯了，一直嘀咕著這專家沒用。

專家倒是沒有怎麼生他的氣，仍然幫助他進行情緒管理。可是，阿坤卻打死也不肯再去操這個心了。他對專家說：「反正我就這樣了，我改也改不掉，還不如就這麼下去吧，我也不想費心了。」專家只好搖搖頭隨他去了。

但是，當阿坤又一次在與客戶商談的時候，再一次控制不了自己的情緒而導致客戶拂袖而去時，老闆終於委婉的向他提出了希望他辭職走人的意願。

心裡的阻礙讓我們更難突破自己，如同實例中的阿坤，很多人就是在情緒管理上，喪失了堅定的意志，在惡劣情緒的影響下漸漸麻木，甚至不再改變。但是，情緒並不是行動的主宰，它只是每一個人都會存在的感情問題，只要我們心裡存在著可以戰勝它的堅定信念，我們就一定可以做到。

人終究是人，是有智慧的生物，在我們的歷史上，還有很多有著堅強意志的人，他們決不輕言放棄，決不會被挫折擊倒。失敗對他們而言，是學習和吸取教訓的機會，是下一次努力的臺階。他們不是「屢戰屢敗」的愚人，而是「屢敗屢戰」的鬥士。

人可以思考，更重要的，人可以透過駕馭自己的情感和意志來征服命運。這是人性光輝的地方，是人類英雄主義的根本特徵之一。有一個堅定的信念，我們就會發現其實困難並不像想像中的那麼可怕，和困難拼鬥一番，你會覺得困難不過是如此而已。

正如生命中的許多傷痛一樣，其實並不如自己想像的那麼嚴重。如果不把它當一回事，它是不會很痛的。你覺得痛，那是因為你自以為傷口在痛，害怕傷口的痛。正如情緒，正是因為我們太在乎它，所以才更加害怕無法控制它的時候所帶來的危害。

堅強的意志是支持我們繼續努力的精神支柱，不相信自己的意志，永遠也做不成將軍。

春秋戰國時代，一位父親和他的兒子出征打仗。

父親已做了將軍，兒子還只是馬前卒。

父子二人經過很多場激烈的血腥戰鬥，雖然兒子比父親要血氣方剛得多，可是兒子總覺得還是達不到父親那般的驍勇善戰。

這天休戰，兒子恭敬地問父親：「父親大人，到底要怎樣才能做到像你那樣的地位呢？」

父親笑笑說：「等下一場戰爭的時候我就告訴你。」

過了沒幾天，戰爭又開始了，號角吹響，戰鼓轟鳴，父親莊嚴地托起一個箭囊，其中插著一支箭，鄭重對兒子說：「這是家傳寶箭，配帶在身邊，力量無窮，但千萬不可抽出來。」那是一個極其精美的箭囊，厚牛皮打製，鑲著幽幽泛光的銅邊，再看露出的箭尾，一眼便能認定是用上等的孔雀羽毛製作的。

兒子喜上眉梢，不斷地猜想箭杆、箭頭的模樣，耳旁彷彿嗖嗖地箭聲掠過，敵方的主帥應聲折馬而斃。

果然，配帶寶箭的兒子英勇非凡，所向披靡。

當鳴金收兵的號角吹響時，兒子再也禁不住得勝的豪氣，完全背棄了父親的叮囑，強烈的欲望驅趕著他呼一聲就拔出了箭，試圖看個究竟。

驟然間，他呆住了：一支斷箭，箭囊裡裝著一支折斷的箭！

「我一直帶著一支斷箭打仗呢！」兒子嚇出了一身冷汗，彷彿頃刻間失去支柱的房子，意志轟然坍塌了。

結果不言自明，兒子慘死於亂軍之中。

透過濛濛的硝煙，父親揀起那支斷箭，沈重地說道：「不相信自己的意志，永遠也做不成將軍！」

兒子把勝敗寄託在一支箭上，多麼愚蠢，他不明白只有意志之箭永遠保持堅韌和鋒利，才能建立功勳，沒有堅強的意志，只有自取滅亡的道理。

有一個叫G．戈斯泰羅的小夥子，從加拿大軍隊退役了，那是在西元一九四六年，他搬進了尼亞加拉瀑布市。

安頓下來後，他馬上出去找工作，在安大略省水電委員會裡當上了機械師。

工作進展得很順利，他十分開心。

十八個月後的一天，老闆找到他說，有個好消息告訴他——他升職了，做班長，負責廠裡的重型柴油機。

「從那個地方、那個時候起，」戈斯泰羅先生說，「我開始擔心。我曾是一個快樂的機械師，但是當班長，對我來說，卻是個災難。身上的責任壓得我喘不過氣來。焦慮無時無刻不困擾著我，不管我是睡著了，還是醒著；也不管我是在家裡，還是在廠裡。

「後來，我最擔心的事情終於來了，那是一個大事故。那天，我朝礫石坑走去，那應該有四台牽引車帶動四台巨大的削刮機在工作，但非常奇怪，周圍靜悄悄的。很快，我就明白了，四台巨型牽引車全壞了！

「如果說我以前也擔心過什麼事的話，和那一刻比，全不算什麼。我的腦袋好像沸騰了，還咕嘟咕嘟地直冒泡。我找到經理，告訴他這個壞消息，說四台牽引車全壞了。我一口氣說完，等著經理狠狠的罵我一頓。

「可是出乎我的意料，經理沒有發脾氣。他轉過身來，臉上掛著微笑，看著我說了三個字。假如我能活一千歲，我都不會忘了這三個字。它們是：『修好它！』

「就在那個地方、那一刻，我所有的憂慮、害怕、擔心全部煙消雲散，世界又恢復了老樣子。我走了出去，抓起工具，開始修那幾台牽引車。

「修好它，是多麼神奇的三個字啊，它象徵著我生命的轉捩點，它改變了我對工作的想法。

從那天起，我每天都默默地感謝那位經理，是他讓我對工作不但有熱情，而且有了更堅定的信心，我知道，如果有一天什麼事搞砸了，我會親自出馬，把它們理順，而不是在那裡瞎擔心。」

正是由於那位經理非凡的意識，G．戈斯泰羅先生明白了，成熟人格要求我們具備採取行動的能力：做決定並實施它。

「修好它」這三個字正是一種堅定信念的表現，遇到失敗或挫折時，假如我們有「修好它」的信心和勇氣，那麼最後的成功一定會屬於我們。

管理情緒不是一朝一夕就可以解決的問題，它需要我們堅定不移地去努力，三天打魚，兩天曬網，不用堅定的信念去克服它，那麼你就算用再好的辦法，找再好的專家，也只是痴人說夢。

第五章

六步走出情緒束縛

《紅樓夢》第七回有段薛寶釵服食冷香丸的描述：「要春天開的白牡丹花蕊十二兩，夏天開的白荷花蕊十二兩，秋天開的白芙蓉花蕊十二兩，冬天開的白梅花蕊十二兩。將這四樣花蕊，於次年春分這天曬乾，和在一處，一齊研好；又要雨水這天的落雨十二錢，還要白露這天的露水十二錢，霜降這天的霜十二錢，小雪這天的雪十二錢。把這四樣水調勻了，丸了龍眼大的丸子，盛在磁壇裡，埋在花根底下，若發病時，拿出來吃一丸，用一錢二分黃柏煎湯送下。」

後來的紅學專家由這「冷香丸」的各種配料來看，這些藥物正是為了去除寶釵的「情」。

古時的女子往往要求大家閨秀要保持冷若冰霜的外表，凡事溫文爾雅，切忌大喜大悲。細細看來這幾味藥，普遍都可以調經養性，清熱去火，這可算是從寶釵的生理方面調解情緒。而配置這味藥的過程要等上很長一段時間，這個過程對於寶釵的情緒也是一個巨大的考驗。也難怪，寶釵總是顯得比其他年紀的幾位妹妹要老成持重的多。

但是，這樣的方法不管放到現代有沒有用，終歸是太煩瑣了一些，其實，只要下面的六個步驟，我們就可以有效的管理情緒。

第一節

健康是情緒穩定的首要條件

身體與情緒的關係非常密切，二者互相約束，互相促進。身體可以直接影響情緒，而情緒反過來也可以影響身體。

關於健康，曾經有這樣一個比喻：假設一個人有一〇〇〇〇〇萬，前面的一代表健康，後面的〇代表你的房子、車子、妻子、兒子、金子等，如果沒有前面的健康「一」，後面都等於「〇」。

所以，健康對每個人是很重要的，有了健康就有了一切。

身體與情緒的關係非常密切，二者互相約束，互相促進。身體可以直接影響情緒，而情緒反過來也可以影響身體。

有一段時間，我患了嚴重的肺炎，高燒都達到了三十八度，吃的東西有嚴格的限制，而且不能出去玩，每天都只能待在家裡，躺在床上。

儘管我本來就不是一個愛動的人，可是當真正躺在床上不能動的時候，居然十分懷念起爬山跑步等自己以前根本正眼都不會去看的體育運動。

半個月後我出院時，看著外面的天空，覺得一切都是新鮮的，鬱悶的情緒一掃而光。

想必你也有著和我同樣的感覺，生病過後的天空總是覺得特別美好。

身體的很多機制都跟情緒有著緊密的聯繫。

一些專門研究精神、情緒與大腦活動之間關係的科學家表示，大腦中有一種被稱為蛋白激酶C的酶，這種酶能削弱短期記憶以及大腦「執行決定」的部分，額葉前部皮層的其他功能。一些不良的人其生活習慣會導致蛋白激酶C的增多，蛋白激酶C透過影響部分大腦的功能，變成使人們出現分心和衝動的一個重要因素，並削弱這些患者的判斷力。

我們看到更多的是情緒對身體的影響，但其實，很多事情都是互相影響的，平穩的掌控情緒同樣需要健康身體來幫忙。

劉東是一個典型的工作狂，他掌管著一個有三十多人的大部門。辦公桌上的文件堆積如山，每天都要跟很多客戶打交道，有時候一天都要跑兩個城市。

但劉東很享受這種生活，他覺得自己現在正年輕，就是應該趁著這段時間多打拼。他本身也很馬虎，總覺得電視報紙上說的注意身體健康都是很無所謂的話，他的口頭禪就是：「反正我年輕嘛！」

可是，漸漸地，劉東越來越覺得身體很不舒服，尤其是胃，正在開會的時候就疼起來，剛開始吃藥還管用，後來吃藥就一點用也沒有了。而且劉東還發現自己的情緒越來越容易激動，跟職員討論問題的時候，常常是說不了幾句話就覺得火氣上升。

萬般無奈，他去了一趟醫院。

醫生為他做全面檢查之後，告訴他，因為他平時太不注意飲食，早一頓晚一頓的，所以得了很嚴重的胃病。不僅如此，平時陪客戶吃飯的時候，菸酒太多，高脂肪的食物也攝取太多，血壓也偏高。

劉東瞠目結舌，他實在沒有想到，平時不注意身體健康居然會有這麼嚴重的影響。

醫生語重心長地對他說：「你們年輕人總是覺得自己的年輕就是最大的本錢，所以平時一點都不注意自己的健康問題。其實，身體只是個有一定年限的機器，如果你現在不停地用它，又不注意愛護它，總有一天，你會透支自己的體力，到那個時候後悔都來不及了。而且，身體一開始出現問題，就會影響日常的生活，然後影響你的情緒，你的思想。明白嗎？小夥子，趁著自己發現的早，以後一定要多注意啊！」

劉東聽後，慚愧地低下了頭。

從這之後，他開始了規律的生活，還辦了健身卡，每個禮拜都要去鍛鍊一下身體。雖然說這占用了自己的一些時間，但是他也很高興的發現，自己的工作效率更高了。

醫生的一番肺腑之言很有道理，而劉東的問題也是很多年輕人的通病，總覺得自己還年輕，什麼都可以不顧一切地做，沒想到成功的步伐反而因此慢了下來。

要做到身體健康，可以有很多辦法：

1.**保證睡眠充足**。

匹茲堡大學醫學中心的羅拉德．達爾教授的一項研究發現，睡眠不足對情緒的影響非常大，他認為，對睡眠不足者而言，那些令人煩心的事更能左右他們的情緒。達爾教授做了一個實驗：在一個月的時間裡，他讓十四名受試者每晚在黑暗中待十四個小時，第一晚，他們每人幾乎睡了十一個小時，彷彿是要補回以前沒睡夠的時間。此後，他們的睡覺時間穩定在每晚八小時左右。在此期間，達爾教授還讓受試者一天兩次記錄他們的心情狀態，所有的人都說在他們睡眠充足後心情最舒暢，看待事物的方式也更樂觀。

2.經常運動。

研究人員發現，健身運動能使你的身體產生一系列的生理變化，其功效與那些能提神醒腦的藥物類似，但比藥物更勝一籌的是，健身運動對你是有百利而無一害。

3.合理飲食。

大腦活動的所有能量都是來自於我們所吃的食物，因此情緒波動也常常與我們吃的東西有關。據最新研究顯示，碳水化合物更能使人心境平和、感覺舒暢。麻塞諸塞州的營養生化學家詹狄斯·瓦特曼認為，碳水化合物能增加大腦血液中複合胺的含量，而該物質被認為是一種人體自然產生的鎮靜劑。各種水果、稻米、雜糧都是富含碳水化合物的食物。

健康的身體不僅可以幫助人們更加有效的管理情緒，而且在我們鍛鍊身體的過程中，我們的意志力和控制力也會得到很大的改善，而意志力和控制力的強大就為我們管理情緒提供了更加有利的工具。

羅斯福被公認為是美國歷史上意志最堅定的領導人，他常常說自己是「自我塑造的人」。但是，這位政治家並非「生來如此」。

小時候的羅斯福哮喘病纏身，身體虛弱得甚至無法吹滅床邊的蠟燭。回憶童年，羅斯福總會這樣形容自己：「一個體弱多病的男孩」和「一段悲慘的時光」。

羅斯福視力欠佳，異常瘦小，他身體的狀況糟糕得讓他的父母不敢肯定他是否還可以活下去。不過，羅斯福還是活了下來。

羅斯福回憶道：「由於既虛弱又笨拙，所以我對自己毫無信心。我需要艱苦地訓練自己的身體，更需要強化自己的意志和精神。」羅斯福明白，要想成為自己希望的那種人，必須透過磨練來塑造自己。

羅斯福對自制力的訓練貫穿了他的一生，也融入了他的日常活動中。即便是在總統任職期間，他也仍然堅持自己的實踐訓練。在他入主白宮的那些日子裡，就像羅斯福自己所說的那樣：「我總是在下午盡量抽出幾個小時進行體育鍛鍊，有打網球和騎馬，有時也會散步在崎嶇的鄉間小路上。」在給朋友的一封信中，羅斯福寫道：「今天上午，在白宮接待處，我與六千個人握手；下午，我與四個孩子以及他們的十幾個表兄弟和朋友們一起痛快地騎馬兩小時。我們跨越柵欄，穿過山丘，一起在平地上飛奔。」

羅斯福從不浪費時間，在沒有特殊事情需要處理的時候，他喜歡讀書或是給朋友們寫信。羅斯福也是一個崇尚行動的人，他更願意參與而不僅僅只是旁觀。他曾這樣拒絕了一次觀看棒球比賽的邀請：「我可不願意坐上兩個半小時，而只是為了觀看別人做事情。」不論是朋友，還是敵人，都一致公認羅斯福的果斷和堅韌，以及他對於別人託付任務的高度負責。

歷史學家莫里森曾經這麼評論羅斯福：「他的一生，充滿了令人驚訝的決斷。他的精力和天賦並沒有在出生時就得到某種自然而和諧的統一；相反地，經過多年持久而大量的意志鍛鍊之後，它們得到了有效的組織和引導。」羅斯福用自己的行動成功的改變了自己，也給我們樹立了榜樣。就算不能真正做到身體上的健康，至少，在追求健康的過程中，我們也能如羅斯福那樣鍛鍊了自己的意志。

幸福的首要條件在於健康，健康的身體是我們做任何事情的首要條件。多愛自己一些，我們才有更好的精神面貌去迎接生活的挑戰。

第二節

換個想法

消極和退卻是由錯誤的想法引來的，悲觀和沮喪是眼光偏狹所致。所以，碰到難題時，要從不同的角度著眼，從不同的方面去想，才會找出新的思路。

情由心生，歐洲的一句諺語說：「想法荒唐，結果必然糟糕。」說的正是想法的重要性。現代人的抗打擊能力低，導致想法不正確：固執己見，缺乏彈性思考，看不清事件的本質，所以唯有在陷入困境時改變想法，才能突破思考的盲點，看出新希望。

一個女孩遺失了一支心愛的手錶，一直悶悶不樂，茶不思、飯不想，甚至因此而生病了。神父來探病時問她：「如果有一天妳不小心掉了十萬塊錢，妳會不會再大意遺失另外的二十萬呢？」

女孩回答：「當然不會！」

神父又說：「那妳為何要讓自己在丟掉了一支手錶之後，又丟掉了兩個禮拜的快樂，甚至還賠上了兩個禮拜的健康呢？」

女孩如大夢初醒般的跳下床，說：「對！我拒絕再損失下去，從現在開始我要想辦法再賺回一支手錶。」

果然，她努力打工，又買回了一支更加喜愛的手錶。

人生本來就有輸有贏，陷入痛苦和憂鬱時，千萬不要故步自封，使自己陷入無助的泥淖。換個想法會帶來新的行動，自己會更快樂，天空會更開闊。

一位員外，特別喜歡牡丹花，庭內庭外都種滿了牡丹。

員外採了幾朵牡丹花，送給一位老翁，老翁很開心地插在花瓶裡。

隔天，鄰居對老翁說：「你的牡丹花，每一朵都缺了幾片花瓣，這不是富貴不全嗎？」

老翁聽後，覺得不妥，就把牡丹花全部還給老員外。

員外不解，老翁就把原因一五一十地告訴他。

員外忍不住笑了，說：「牡丹花缺了幾片花瓣，這不是富貴無邊嗎？」

老翁聽了頗有同感，選了更多的牡丹花，開心地走了。

用不同的想法去想，就有了兩種完全不同的寓意。

一念之間天壤之別，而人是否活得有價值，活得充實和喜悅，也就在一念之間的領悟。很多人最大的情緒困擾不是貧窮或身分低，而是失去自我肯定的價值。

在古老的西藏，有一個叫愛地巴的人，每次生氣和人起爭執的時候，就以極快的速度跑回家，繞著自己的房子和土地跑三圈，然後坐在田地邊喘氣。

愛地巴工作非常勤勞努力，他的房子越來越大，土地也越來越廣，但不管房子和地有多大，只要與人爭論生氣，他還是會繞著房子和土地跑三圈。

愛地巴為何每次生氣都繞著房子和土地跑三圈呢？

所有認識他的人，心裡都起了疑惑，但是不管怎麼問他，愛地巴都不願意說明。

直到有一天，愛地巴很老了，他的孫子在身邊懇求他：「阿公，您已經年紀大，不能再像從前那樣，一生氣就繞著房子和土地跑啊！您可不可以告訴我這個祕密，為什麼您一生氣就要繞著房子和土地跑上三圈？」

愛地巴經不起孫子懇求，終於說出隱藏在心中多年的祕密，他說：「年輕時，我一和人吵架、爭論、生氣，就繞著房子和土地跑三圈，邊跑邊想，我的房子這麼小，土地這麼小，我哪有時間，哪有資格去跟人家生氣，一想到這裡，氣就消了，於是就把所有時間用來努力工作。」

孫子問到：「阿公，您年紀大了，又變成最富有的人，為什麼還要繞著房子和土地跑呢？」

愛地巴笑著說：「我現在還是會生氣，生氣時繞著房子和土地走三圈，邊走邊想，我的房子這麼大，土地這麼多，我又何必跟人計較？一想到這裡，氣就消了。」

愛地巴老人不失為一個深諳人生智慧的人，他懂得適時調節自己的情緒，懂得用積極向上的心態去想問題，從而得到動力。

每個人看待事物的著眼點不同，看法也就大相徑庭，從而情緒也會很不相同。有人習慣於大處著眼，所以格局大，心胸寬；有人習慣於往小處看，目光如豆，免不了鑽牛角尖。有的人著眼亮麗的未來，目標遠、信心高、積極性強，凡事比較樂觀；也有人過度保守，信心不足，消極和悲觀的情緒就流露了出來。

面對現實，不斷採取行動，朝向理想和目標前進，是成功的想法，也是積極的態度，反之，如果只懷著理想，而抱憾生不逢時，那麼消極的念頭就會吞噬你的志氣。

你的遭遇就是你的現實，你的現實正是你走向光明未來的食糧，千萬不要忽略現實。

當一個人的觀念改變時，他的態度、情緒和行動也有了積極的改變。

在理想與現實之間，如果一個人採取的是消極的態度，他就有可能反映出病態的精神表現。相反的，改變想法，不要畏懼現實的艱難，他就會站起來，面對困難，獲得更多的經驗和解決問題的能力，去實現其抱負和理想。

美國西海岸的邊境城市聖疊戈的一家醫院裡，常年住著因外傷而全身癱瘓的威廉．馬修。

當陽光從朝南的窗口射入病房時，馬修開始迎接來自身體不同部位痛楚的襲擊，病痛總是在早上光臨。

在將近一個小時的折磨中，馬修不能翻身，不能擦汗，甚至不能流淚，他的淚腺由於藥物的副作用而萎縮了。

年輕的女護士看到馬修所受的痛苦，以手掩面，不敢正視。

馬修說：「鑽心的刺痛固然難忍，但我還是感激它，痛楚讓我感到我還活著。」

置身於特殊境遇，痛楚也是一種喜悅，也是一種希望。在這樣悲慘的情況下，馬修沒有自怨自艾，仍然如此樂觀的看待痛苦，不禁讓人肅然起敬。

反觀之我們現在的生活，若著眼於當下，珍惜欣賞所有，就會有許多情趣：它能豐富人的心境，調和人的性情。若能著眼於大局，看清全貌，那麼氣度和視野就能增長。

一個女孩毫無道理地被老闆炒了魷魚。

她坐在公司噴泉旁邊的一條長椅上黯然神傷，她覺得她的生活失去了顏色，變得暗淡無光。

這時，她發現不遠處一個小男孩站在她的身後咯咯地笑，她就好奇地問小男孩，你笑什麼呢？

「這條長椅的椅背是早晨剛剛漆過的，我想看看妳站起來時後背是什麼樣子。」小男孩說話時一臉得意的神情。

女孩一愣，猛地想道：昔日那些刻薄的同事不正和這小傢伙一樣躲在我的身後想窺探我的失敗和落魄嗎？決不能讓他們得逞，我決不能丟掉我的志氣和尊嚴！

女孩想了想，指著前面對那個小男孩說：「你看那裡，那裡有很多人在放風箏呢！」等小男孩發覺到自己受騙而惱怒地轉過臉時，女孩已經把外套脫了拿在手裡，她身上穿的鵝黃毛線衣讓她看起來青春漂亮。

小男孩甩甩手，嘟著嘴，失望地走了。

生活中的失意隨處可見，真的就如那些油漆未乾的椅背在不經意間讓你苦惱不已。但是如果已經坐上了，也別沮喪，以一種「猝然臨之而不驚，無故加之而不怒」的心態面對，脫掉你脆弱的外套，你會發現，新的生活才剛剛開始。

想法一定要正確，消極和退卻是由錯誤的想法引來的，悲觀和沮喪是眼光偏狹所致。所以碰到難題時，要從不同的角度著眼，從不同的方面去想，就會找到新的思路，看出新的希望和喜悅。

第三節

朋友是最好的藥

當你在生活或工作中遇到不愉快時，不要總是放在肚子裡，可以找自己親近貼心的朋友談談自己心中的苦悶，朋友的勸慰，可以幫助你解決思想上的不愉快和想不通的問題。

「單獨一個人可能滅亡的地方，兩個人在一起可能得救。」巴爾札克的這句話說出了朋友的重要性。

人的群居性與生俱來，在日常生活中，除了父母，我們最信賴的人就是朋友。朋友會在你情緒不佳的時候包容你，朋友會在你陷入低谷的時候鼓勵你，朋友會在你危難的時候挺身而出。

在越南的孤兒院發生了一件感人的事情，由於飛機的狂轟濫炸，一顆炸彈被扔進了這個孤兒院，將幾個孩子和一位工作人員炸死了，還有幾個孩子受了傷。

其中有一個小女孩流了許多血，傷得很重。

幸運的是，不久後一個醫療小組來到了這裡，小組只有兩個人，一個女醫生，一個女護士。

女醫生很快進行了急救，但在小女孩那裡出了一點問題，因為小女孩流了很多血，需要輸血，可是帶來的血漿不夠用。

醫生決定就地取材，她幫在場的所有人驗血，發現有幾個孩子的血型和小女孩是一樣的，但是醫生和護士都只會說一點越南話和英語，而在場的孤兒院工作人員和孩子們只會說越南話。

女醫生盡量用自己會的一點越南話加上一大堆的手勢告訴那幾個孩子，「你們的朋友傷得很重，需要你們捐血給她！」

終於孩子們點了點頭，好像聽懂了，但眼裡卻藏著一絲恐懼，沒有人吭聲，沒有人舉手表示自己願意捐血。

一隻小手慢慢的舉了起來，但是舉到一半卻放了下來，過了一會兒又舉起來，再也沒有放下。

醫生很高興，馬上把那個小男孩帶到臨時的手術室，讓他躺在床上。

小男孩僵直著躺在床上，看著自己的血液被抽走，眼淚不知不覺地就順著臉頰流了下來。

醫生緊張地問是不是針管弄疼了他，他搖了搖頭，但是眼淚還是沒有止住。

醫生開始有點慌了，到底是怎麼回事呢？

關鍵時刻，一個越南的護士趕到了這個孤兒院。

女醫生把情況告訴了越南護士，越南護士低下身子，和床上的孩子交談了一下，不久後，孩子竟然破涕為笑。

原來，那些孩子都誤解了女醫生的話，以為她要抽光一個人的血去救那個小女孩。

一想到不久以後就要死了，小男孩才哭了起來。

這下，醫生終於明白為什麼剛才沒有人自願出來捐血了。

但是她又有一件事不明白了，「既然以為捐過血之後就要死了，為什麼他還自願出來捐血呢？」醫生問越南護士。

於是，越南護士用越南話問了一下小男孩，小男孩不假思索就回答了。

回答很簡單，只有幾個字，但卻感動了在場所有的人。

他說：「因為她是我最好的朋友！」

朋友的力量是如此的巨大！關鍵時刻，朋友甚至可以為你犧牲生命。而結合到我們現在的情緒治療，朋友更是發揮著舉足輕重的作用。有朋友的人是幸福的，他甚至不需要說任何話，只靜靜的坐在你身邊傾聽，就可以幫助你從低落的情緒中走出來。

王小姐近來經常失眠、腹痛、腹瀉，有時感到心慌、不安，去醫院也查不出什麼來。朋友介紹她去看心理醫生。

王小姐畢業於一所明星大學，為了愛，她遠離父母家人，千里迢迢來到英國安家立業。過了蜜月期，生活開始恢復其真實面目：先生每天去上班，王小姐卻找不到合適的工作，除了先生以外，她沒有家人、朋友或親戚可交談，不久她就感到非常孤獨。不僅如此，兒子出生不久又被診斷為「自閉症」。王小姐覺得她的生活真是不幸極了。

心理醫生首先讓王小姐傾訴所有的煩惱，並不時輕拍她的手臂或肩膀以示同情和鼓勵。

王小姐說完了，長長地吐出了一口氣，告訴醫生她感到輕鬆了很多。

醫生趁機提醒王小姐傾訴的好處，並鼓勵她建立自己的支援系統，包括家庭、親戚、朋友、同事、心理諮詢診所等等，遇到問題感到無助時，可以運用這些人際支援網，向他們求助或是諮詢。

漸漸地，她的許多不適都明顯好轉了。

也許你一直以為自己很獨立、很堅強，對自己充滿信心，對事物有良好的判斷，可以永遠隱藏起自己的傷痛，在別人面前端莊得體，而且不喜怒形於色。可是朋友一出現，我們就會放下所有的矜持，丟掉所有的盔甲，而朋友也願意為你做更多的事情，這一切為情緒治療中的「朋友療法」提供了天時地利人和的條件。

英國一位權威心理學家極力推崇自我傾訴內心苦悶和憂鬱的方法，他認為積存的煩悶憂鬱就像一種能量，若不釋放出來，就會像感情上的定時炸彈一樣，埋伏心間，一旦觸發即可釀成大禍，若及時用傾訴或自我傾訴的辦法取得內心感情和外界刺激的平衡，則可祛病免災。前蘇聯醫學家也認為，人的各種感情，一定要透過心理上的刺激反應以各種形式表現出來，否則，將有損身心健康。

因此，當你在生活或工作中遇到不愉快的事情時，不要總是放在自己肚子裡，可以找自己親近貼心的朋友談談自己心中的不悅之由，把肚子裡的話全部說出來，自己如釋重負，心中會痛快些，也會得到他人對你的勸慰，幫助你解決思想上的不愉快和想不通的問題。

情有千千結，解除思想上的疙瘩，也算解除一個結，「把苦悶講給朋友聽，一個苦悶就會變成半個」，這句話很有心理學意義。

雖然我們可以找朋友訴苦、發洩，也要知道，借助朋友安撫自己的情緒的時候，也有一些注意事項，要不然，非但對自己的情緒沒有幫助，反而會雪上加霜，甚至最後失去朋友。

英子和文慧是從小玩到大的好朋友。

英子的脾氣非常急躁，一點點事情就按捺不住自己的情緒，亂發脾氣，家裡人都叫她小辣椒。而文慧人如其名，文文靜靜、穩重，做事很理性。

從小，文慧就拿英子當自己的小妹妹一樣，什麼事都寵著她，英子一不開心就來找文慧訴苦，文慧每次都笑咪咪地幫她分析問題，然後讓她恢復平靜。

這樣的友情一直保持到她們結婚生子。

最近，英子的丈夫有了外遇，弄得英子心情一直非常不好，她只好又跑到文慧那裡訴苦。每次哭過鬧過，心裡都會覺得舒服一點，文慧還像以前那樣笑呵呵地給她排憂解難。

英子也覺得奇怪，為什麼文慧總是很幸運，像沒有什麼難過的事一樣？

有一天，英子又和丈夫吵架了，就去了文慧家，文慧好像要出去的樣子，看到英子淚流滿面的，文慧還是拉住了她的手，輕聲安慰她。

可是英子還是看出文慧有點心不在焉的樣子。

英子以為文慧嫌自己煩，就耍脾氣，一怒之下就要走，無論文慧在後面怎麼喊她，她都不理。

兩天後，英子媽媽告知，文慧的媽媽心臟病發作，去世了，正好就是英子誤會文慧的那天。

英子知道之後，後悔極了。

她一直都太在乎自己的感覺，一點都不知道去關注文慧的情緒。

英子趕到文慧的家裡，緊緊抱住了文慧，看著文慧流出的眼淚，英子忽然覺得自己以前的煩心事都不再重要了，對她來說，她現在最重要的事情就是為自己的好朋友做點自己以前就應該做的事情，照顧和關心她。

所幸在最後時刻，英子認識到了自己的錯誤，要不然，一對好朋友說不定就要這麼分道揚鑣了。這也提醒了我們，雖然說朋友是我們情緒不穩定時最好的藥物，但是我們也要注意下面的一些細節：

一、**最好能找有共同經歷或體驗的朋友傾訴**

俗話說：「同病相憐」，和與自己有相同經驗的人聊聊，不僅易得到一些有益的指導，還會引起共鳴。

二、**選擇對方空閒的時間**

當你準備向某位友人傾訴時，一定要瞭解他的休閒時間。另外，你還可先與朋友預約一下，讓人家多少有個準備。反之，那種不分場合和時間的傾訴，就算是朋友，也會產生一些厭煩情緒。

三、**發洩不可過分**

朋友可以是你的「垃圾桶」，幫你裝各種壞情緒，但絕不是你的「出氣筒」。

現代社會的高樓大廈，鋼筋水泥，延伸了生存空間，卻切斷了人們的溝通，人與人之間的感情越來越淡漠，這個時候，朋友之情更顯得彌足珍貴。平時多和朋友出去玩玩，一起聊聊天，訴說種種的心事，將更有利於友情的鞏固，同時，更能幫助自己平復在喧囂社會裡的浮躁情緒。

第四節

看看自己擁有什麼

要著眼於你有的，才能發展你的未來。如果著眼於自己沒有的，那就會落空。它不但是一種空想，而且會造成不如意、沮喪和消極。

欲望之心，與生俱來，此乃人性之自然，心理學家稱之為動機，它源於人的種種需要：生理需要，安全需要，被尊重的需要，自我實現的需要等。

在生活中，這些動機和需要表現為人們對功名利祿的追求，當人的欲望有所滿足時，人有愉快、輕鬆、滿意之感。可是現實常常與人的欲望相衝突，想富的富不了，求名的無名，許多人因此心態失衡，憂鬱不安、急躁、嫉恨……心理學稱此心態為「欲求不滿」。

當我們對欲望過度苛求，憂傷、煩躁、憤怒，悲哀的情緒就趁虛而入。

別人的房子比我的大，於是氣憤，為什麼他就可以比我富有？

別人升遷比我快，於是憤怒，他哪點比我強了？
別人三十歲就有了自己的公司，於是悲哀，我都年過半百了，這還有什麼搞頭啊！
可是，眼睛老是看著別人的所有時，我們為什麼不停下來看看自己所有的。

臺上站著一位看起來有些奇怪的女孩，她帶點詭譎地看著臺下的學生；偶爾她口中也會咿咿呀呀地不知道在說些什麼。但是，她的聽力很好，只要臺下的學生猜中她要表達的意思，她就會高興地大叫一聲，歪歪斜斜地向你走來，送給你一張用她的畫製作的明信片

她的名字叫黃美廉，一位自小就患腦性麻痺的病人。腦性麻痺奪去了她肢體的平衡感，也奪走了她發聲講話的能力。但是，她堅強面對這一切，在眾人詫異的眼光裡，努力學習，努力畫畫，終於獲得了加州大學藝術博士學位。

全場的學生都被她不能控制自如的肢體動作震懾住了。

這是一場傾倒生命，與生命相遇的演講會。

學生們看著那些栩栩如生，包含著激情與奮鬥的畫，無論如何也無法和眼前這個走路都走得不穩當的女孩聯繫起來。

到了自由提問時間，主持人示意大家可以自由的提問。

「請問黃博士，」一個學生小聲地問，「妳從小就長成這個樣子，請問妳怎麼看妳自己？妳都沒有怨恨嗎？」

演講會的主持人心頭一緊，真是太不成熟了，怎麼可以當著面，在大庭廣眾面前問這個問題，太直接太刺激人了，他很擔心黃美廉受不了。

「我怎麼看自己？」黃美廉用粉筆在黑板上重重地寫下這幾個字。

她停下筆來，歪著頭，回頭看著發問的同學，然後嫣然一笑，回過頭來。

在黑板上龍飛鳳舞地寫了起來：

一、我好可愛！

二、我的腿很長很美！

三、爸爸媽媽這麼愛我！

四、上帝這麼愛我！

五、我會畫畫！我會寫稿！

六、我有隻可愛的貓！

七、……

忽然，教室內一片鴉雀無聲，沒有人講話。

她回過頭來平靜地看著大家，再回過頭去，在黑板上寫下了她的結論：「我只看我所有的，不看我所沒有的。」

掌聲立刻響了起來。

「我只看我所有的，不看我所沒有的」，這句話真的是應該載入史冊，我們在人生的道路上奔波的時候眼睛只顧看著周圍的人，周圍的事，卻忘記了好好尋找一下自己的所有。

《聖經》曾形容一些聰明人：「似乎貧窮，卻是富足的。似乎是一無所有，卻是樣樣都有的。」可不是嗎？幸福，不在於你擁有多少，而在於你用怎樣的態度去看待、享受自己當下所擁有的一切。若是能這樣，即便你看似一無所有，也能比那些大富豪或身體健壯但成天愁眉苦臉的人們更快樂、更富有。

黃美廉博士的生活態度值得我們每一個人學習。

「知足者常樂」說的也是這個道理，欲望向來都是追求不完的，馬斯洛將人的需要劃分為五個層次：一、生理需要。二、安全需要。三、歸屬和愛的需要。四、尊重需要。五、自我實現需要。每當有了第一種的需求，我們就會有更高的需求，當然，對需求的不斷追求推動了社會的進步，但是，無止境的追求就會導致欲望的無限擴大，而當欲望不能得到實現的時候，心裡巨大的落差就會導致不良情緒的產生。

金巧從小就是人見人愛，人長得漂亮，又聰明伶俐，她自己一直都很驕傲。

為了讓她得到更好的教育，爸媽花了很多錢讓她進了一所貴族學校。

到了學校之後，金巧越來越不開心了。因為這裡的學生大多都是達官貴人的孩子，家境非常優越，雖然金巧的家庭也很不錯，可是比起這些孩子們來說，還是相形見絀。而且看起來，那些孩子好像比金巧讀過更多的書，見過更多的世面。

在這樣的環境中，金巧越來越迷失了自己，她覺得自己曾經被大人們誇獎的那些優點全都沒有了，在這種自卑情緒的引導下，她拼命的想從家裡要更多的錢，在外表上表現自己。

高昂學費已經讓家裡有些承受不住了，可是金巧還是欺騙家裡要了更多的錢，去買一些別的孩子常穿的名貴服飾，最流行的電子產品，好像只有這樣才能找到自己的一點位置。

有一天，她偶然發現班裡一群很時尚的女孩子在一起討論韓國一個女明星崔智友的鼻子有多麼的漂亮，就動了一點心思：要是我可以有這樣一個鼻子，那可就是獨一無二，他們不就崇拜死我了！

金巧回家之後，吵著要去整鼻子，父母經不住她兩天一哭，三天一鬧，只好答應了她。

手術之後，金巧驕傲的回到了學校，她想，班裡的那群追星族肯定會把她團團圍住，想到周圍會出現那麼多雙羡慕的眼睛，金巧走著走著就忍不住笑了起來。

到了班裡，果然，她還沒走到座位上，就有一群外班的女孩衝了進來，說要找金巧。金巧心想：也不會這麼快吧，她們居然都已經知道了？但是心裡還是很開心。

可是，那群女孩看了她之後，臉上都露出了失望的表情，也不再理睬金巧，一邊走一邊嘟噥：一點都不像啊！

金巧可納悶了，不會呀，自己拆線之後，好多人都說很像崔智友的鼻子。同桌告訴她，她們現在已經不迷崔智友了，她們現在覺得金蘭珠（另一韓國明星）的鼻子最漂亮，而且還覺得妳以前的鼻子最像她了，所以才跑來看的。

「天啊！」聽了同桌的話，金巧不禁傻眼了。

最美的竟然是原來的自己，金巧到了最後才明白這個道理，如果她能夠早一點認識到自身的優點，何必浪費那麼多的金錢和時間！多看看自己所有的，甚至於可以將自己的優點和過去取得的一些成績寫出來，貼在讓自己看得到的地方。多鼓勵自己，自己並不比別人差，別人能做到的，相信自己也能做到。比一比別人，原來別人有時也在學你。放輕鬆些，並不是意味著沾沾自喜，狂妄自大，唯我獨尊，而是不要鑽牛角尖，不要被生活中的那些無謂的煩惱所困惑。只要你自己在人生的道路上認真地走下去，你就無愧於自己，也無愧於身邊的世界。

上帝給任何人的都不會太多，別人有的，我們沒有，但是我們有的，別人說不定也在背地裡眼紅。請記住：要著眼於你有的，才能發展你的未來。如果著眼於自己沒有的，那就會落空；它不但是一種空想，而且會造成不如意、沮喪和消極。所以，請多看看自己所擁有的東西，然後利用自己的所有去創造自己的沒有。

第五節

半個小時的放縱

角色的轉換會讓人找回新鮮感，找回生活的樂趣。我們熱愛我們的生活，卻也習慣於它的平凡和波瀾不驚。如果可以從另外的角度去感受生活，生活也許就會變成一首詩、一幅畫，或者一支霜淇淋，不再是車輪輾過的廢墟。

每天中規中矩的穿著上班制服，你覺得辛苦嗎？

每天朝九晚五的上下班，你覺得乏味嗎？

每天沿著同一條路線走來走去，你覺得枯燥嗎？

現代生活越來越禁錮著人們的思維，生存的危機感和責任感使得我們每一個人都不得不按照相同的模式去生活，久而久之，一成不變的生活開始讓我們覺得乏味與無奈，於是，情緒的危機也逐漸開始蔓延。

其實，我們完全可以找出一個出口，釋放自己，放縱自己一回。

愛喝可樂的朋友們大概都會知道這個小竅門：一瓶可樂經過一段時間的顛簸，如果你一下子打開，可樂就會直沖上天，濺得人滿身都是，但是如果慢慢扭開蓋子，開一下再關緊，然後再慢慢旋轉，三次之後，完全打開，可樂一定是乖乖地躺在瓶子裡。

情緒正如瓶子裡的可樂，情緒的力量是可以蓄積的。陷入情緒束縛的我們，通常都會覺得心情降到冰點，莫名其妙的悲傷，莫名其妙的憤怒，莫名其妙的恐懼。在這個時候，如果一味的壓抑，只會產生和可樂爆發一樣的效果，一點點地釋放情緒，適當放縱自己，會得到意想不到的收穫。

在職場，情緒化的人往往被貼上「不夠成熟」的標籤，但克制也不總是美德，有相當比例的人都說：「偶爾放縱一下情緒有利身心健康」。陷入緊張情緒的我們，常常會無力迎接生活的挑戰。

劉偉到蒙古的一座小城旅遊，看到一個店鋪裡面擺放的全都是弓箭，上面的花紋十分別致，看起來都是上好的弓箭。

他感到很新奇，便在店裡面東瞧西看起來。

店裡的牆壁上掛著的幾張弓都是上好弦的，每張弓都繃得緊緊的，看起來就像要整裝待發的武士一樣；貨架上面擺放的那些弓都未上弦，弓背就顯得直一些。

店主見劉偉對弓箭很感興趣，便從貨架上拿起一張弓，遞到他手上，說：「你仔細看一看，這可都是上好的弓箭，價格也不貴。」

劉問道：「這箭能射多遠？」

店主說道：「力氣大的人，能射出一百多公尺，力氣小一些的，也能射出七、八十公尺。用鐵鑄的箭，一下子可以射死一隻羊。」

聽到店主的介紹，劉偉更加感興趣了，把玩著手裡的那張弓，愛不釋手，心想要是家裡放上這麼一把，看起來很威武。於是，他決定買兩張弓帶回去，一張自己留著玩，一張送給朋友。

跟店主談好價錢後，劉偉開始挑選弓箭，他還是覺得那些上好了弦的弓看起來更好看一些，可是店主卻勸他不要買。

店主認真地說：「這幾張上了弦的弓掛在那裡主要是做樣品的，一張弓上好了弦後，都是繃得緊緊的，長時間這樣放著，弓背和弓弦的效用就差了，力道也減了，根本就射不了多遠。買弓應該買那沒上弦的，等到要用時，再上弦，就可以了。」

劉偉不大相信，心想萬一那些沒上弦的到我用的時候不好用怎麼辦，就說：「我買這弓，也不是要用它射殺什麼，就是為了玩，不必非得有實用價值，你就給我一把上弦的，一把不上弦的好了。」

店主笑了笑，便摘下牆上的幾張弓，放在劉偉面前，又拿出幾張未上弦的弓，叫他隨便挑。挑了一陣，劉偉要了一張未上弦的和一張上好了弦的，末了，又買了一捆木製的箭。

回到家後，劉偉找了一個空曠的地方，用兩張弓試著射了幾箭，那張現上弦的弓，一箭射出了九十多公尺，而先前上好了弦的那張弓，僅把箭射出了四十多公尺。

仔細想一想，在現實生活中，人就像故事中的弓箭一樣。一個人要是始終繃緊神經，總是處於緊張狀態，就會導致身心疲憊，在需要衝刺的關鍵時刻，往往有心無力，難免敗下陣來。如果適當放縱一下，就可以緩解緊張的情緒，找到一個新的出口。

不過，怎樣放縱倒成了一個難辨的問題。

放縱本來是「無拘無束」的意思，但是經過報紙雜誌的宣傳，它漸漸給人的印象就是一個貶義詞，與「縱情、濫情、不負責任」等詞緊密的連接在一起，而在日常生活中，也出現了不少因為放縱而後悔莫及的事情。但是，在這裡，請你丟掉腦中關於放縱的一切成見，其實，健康的放縱方式有很多。

一個關於消費調查的結果顯示，約四六％的女性在情緒上來時會選擇購物去放縱自己，大家稱之為「血拼」。有句話說：「女人一生氣，商場就發笑。」據說，情緒化為女性的第四性徵，面對壞情緒，大多數女性選擇的是先讓自己放鬆下來。尤其是「血拼」這點更是受到了大多數女性的喜歡，這種方法對於緩和臨時的壞情緒十分有利。這一點也是女性為何能比男性長壽的原因。但是，購物往往是花費巨大，並不是我們鼓勵大家去做的一件事情。

王娟在一家ＩＴ公司做經理助理，每天有一大堆的文件和瑣事，再加上煩擾的人際關係，有時候一天下來真是覺得第二天都不想去上班了。而且情緒也會變得很差，動不動就跟爸媽大發脾氣。

有一天晚上，煩躁的她下班也不想回家，就在街上漫無目的地逛，逛著逛著，竟鬼使神差拐進了一家酒吧。

這個酒吧看起來不是那麼喧嘩，走進走出的都是跟她年紀差不多大的年輕人。

「就進去看看吧！」王娟想。

王娟還是第一次去酒吧，她一直生活在一個很傳統的家庭，總覺得酒吧是個很亂的場合。可是，這次她看到的完全不是那麼一回事，幾個年輕人圍在一起喝酒聊天，臺上的歌手輕輕地唱著她最喜歡的英文經典老歌。

王娟一下子就愛上了這個地方，於是，她每天下班後都來這裡坐上一小段時間。甚至有一次，一時興起的王娟走上臺去唱了自己最拿手的歌，博得滿堂喝彩。為此，酒吧的老闆還邀請她成為這裡的駐唱歌手。

一段時間下來，王娟的父母發現她最近情緒好了很多，每天都開開心心的。王娟在心裡偷偷地笑了，固執的二老怎麼能相信是酒吧的生活改變了自己女兒的心情呢？

半個小時的放縱，其實就是說跳出現有的生活，換一下另類的生活。角色的轉換會讓人找回新鮮感，找回生活的樂趣。我們熱愛我們的生活，卻也習慣於它的平凡和波瀾不驚。如果可以從另外的角度去感受生活，生活也許就會變成一首詩、一幅畫，或者一支霜淇淋，不再是車輪輾過的廢墟。半個小時的放縱，給王娟找到了更多的樂趣，而我們是否也可以從中發現隱匿的美和快樂？

放縱自己半小時，就是放縱自己的固有思維半個小時，嘗試一點新鮮的刺激，給生命注入更多的活力。但是，就如同我在文中一直強調的一樣——「半個小時的放縱」，這其中的「半個小時」正是為我們的放縱加上了一條限制，放縱並不是沒有節制，只有懂得停止才能有更好的開始。

湯姆看到別人滑雪時的輕盈姿態，覺得那種感覺棒極了，就興沖沖地買了滑雪用具來學習。「好像也不是很難，不就是從山頂滑到山下嗎？」湯姆心裡想。

於是，他穿上滑雪板，忽地一下就滑下去了，結果他從山頂滑到山下，實際上是滾到山下，摔了很多個跟斗。

這到底是怎麼回事呢？

一位老人告訴他：「小夥子，不知道怎麼停止，你怎麼能滑好呢？首先，你應該要控制自己停下來啊！」

湯姆恍然大悟。

後來，經過努力不懈地練習，他終於學會了在任何坡地上停止、滑行、再停止。

這個時候他就發現自己會滑雪了，於是便敢從山頂高速地往山坡下衝。因為他知道只要他想停，一轉身就能停下來。只要能停下來，就不會撞上樹、撞上石頭、撞上人，滑雪自然變成了很簡單的事情。

放縱也是這樣，任何人都可以隨心所欲的玩樂發洩情緒，但是一定要知道如何停下來。因為，只有知道如何停止的人，才知道如何高速前進。

給自己半個小時，選擇適合自己的方式，放縱一下吧！

第六節

不妨讓自己暫遁「空門」

「暫遁空門」的辦法有很多，首美妙的歌曲，一杯清茶，一本好書，都可以讓我們暫忘世間的紛擾，找回心靈的安靜。

影視節目中，我們常常可以看到得道高僧白鬚飄飄，談笑間恩怨灰飛煙滅，一副不以物喜，不以己悲的超然姿態。仔細回想一下，似乎從來沒有看到高僧勃然大怒或者黯自神傷，到底是什麼力量讓他們能如此克制自己情緒的呢？

不可否認，僧人從一踏入佛門的那一刻起，就已經接受了佛家正統思想的洗腦。佛家思想著重虛無，強調萬事萬物都不是真實存在的，所以得到也是無，失去也是無，既然都「無」，何必計較有。

梵志雙手持花獻佛，佛曰：放下。

梵志放下左手之花。

佛曰：放下。

梵志放下右手之花。

佛還是說：放下。

梵志：我手中之花皆已放下，還有什麼可放的呢？

佛說：放下你所有的念想，一直捨去，捨至無可捨之處，是汝放生命處！

梵志頓悟，成佛！

「捨至無可捨之處」很貼切的說出了佛家思想的精髓，正是因為他們已經完全捨棄心中的一切，也就告別了俗世的一切喧囂，沒有了貪念，沒有了色慾，沒有了得失，自然也就沒了情緒。

《百喻經》中有一則《錯怪雌鳥》的故事：

從前，在一個窩巢中，住著一雌一雄兩隻鴿。

秋天，雄鴿出去採集野果，堆放了滿滿一巢。
經過太陽一曬，果實縮小了，只剩下半巢。
雄鴿一看，對雌鴿很不滿意，埋怨說：「我出外採集野果，非常辛苦，妳在家看守，怎麼吃了這麼多！」
雌鴿答道：「我一點秋果也沒有吃呀！果實是自己減少的，難道你不知道嗎？」
雄鴿根本不相信，憤怒地說：「不是妳吃了，怎麼會減少呢？妳居然不認帳，我要懲罰妳！」說罷，把雌鴿殺死了。
沒有過幾天，下了場大雨，果子被雨水浸泡後，又像新鮮果子一樣，仍然是滿滿的一巢。
這時，雄鴿方才恍然大悟，知道雌鴿確實沒有吃秋果，是自己冤枉了牠。
但是，後悔有什麼用？他再也找不到自己親愛的伴侶了。
這個故事就是在勸告眾生切忌意氣用事，如果無法克制自己憤怒的情緒，那很有可能會鑄成大錯。
在前面關於情緒的定義闡述中，我們可以看出，正是人們太看重得失，太計較成敗，貪念太多，才導致了情緒的逐漸惡化。而佛家思想中的虛無之說正是對症下藥，告訴人們用更加新穎的視角去看問題，想問題。但是佛家思想中的「虛無」既是它的精髓，也是它的敗筆。身為一個社會人，都去出世，什麼都不放在眼裡，也就沒有了動力，社會更是要止步不前了。所以，我們永遠不可能真正拋開生活中的一切去遁入空門，這不僅是對社會對家庭不負責任，更是喪失了很多世俗生活的樂趣。

既然註定要在社會上面對一切的紛擾事端，那我們何不去其糟粕，取其精華，讓佛家思想的精髓來融入生活，即「暫遁空門」。

這個做法說到底其實是尋找一個安靜的場所，找回心中的安靜，甚至可以暫時忘掉當前的事情，好好梳理一下自己的思路。暫時的忘我，可以讓我們更超脫更冷靜地面對自我，調整好自己的情緒，繼續上路。

暫遁空門的辦法有很多，一首美妙的歌曲，一杯清茶，一本好書，都可以讓我們暫忘世間的紛擾，找回心靈的安靜。

美芳結婚已經五年了，一直都沒跟丈夫吵過架，其實美芳結婚前脾氣挺不好的，一點小事都會惹得她情緒不佳，但是沒想到結婚之後變得好了這麼多。

朋友很納悶，就問美芳：「妳到底是用什麼辦法做到現在的心平氣和呢？」

美芳帶著朋友到了自己的家裡，說：「看見那間小屋了嗎？那就是我的祕密武器。」

美芳的家就是普通的兩房一廳，但是在客廳與臥室的一個拐角地方，隔出了一個大概十五平方公尺的小房間，而這個房間就是美芳所說的祕密武器。

朋友好好打量了一下這個小房間：藍色的天花板，一張小小的床，幾本書，一盆蘭花，一對很精緻的小音響。很簡潔，很安靜，關上房門，幾乎跟外面的世界都隔絕了一樣。在淡淡的花香中，喝一杯香茶，真是覺得靈魂都會輕輕飛了起來。

美芳說：「剛結婚沒多久的時候，雖然我也在努力學習兩個人相處的方法，但是總還是免不了會吵鬧，畢竟真正的生活不像剛剛戀愛那樣單純，鍋碗瓢盆，油鹽醬醋都可能是情緒不好的原因。」

美芳停了一下，打開身邊的音響，悠揚的古典樂輕輕的響起，更給這種安靜增添了幾分韻味。

「後來，我丈夫幫我弄了一個小房間，他說如果我情緒不好，就來這個小房間坐一會兒，什麼都不想，就跟以前在學校裡時一樣，看看書，寫寫字。我當時還開玩笑說這純粹是關我禁閉，後來我漸漸喜歡上這個地方，每當我情緒陷入低潮的時候，就躲在這個小房間裡，靜靜的看書，甚至就是躺著什麼都不做。當出來的時候，情緒馬上就平穩了。」

美芳的做法其實就是「暫遁空門」的一種巧妙方式，我們可以看出，「暫遁空門」並不是說真要走進寺院，敲著木魚苦念佛經，而是卸下一身事務，給自己的心靈放一個短的假期。

但是，這個辦法也並不是人人說做就可以做到，一個心中無法放下得失，放下成敗的人，就算是給了他安靜的空間，仍然免不了會愁緒滿懷，甚至心中的鬱結越來越重，更是無法改變情緒。

有一個富翁背著許多金銀財寶，到遠處去尋找快樂。可是走過了千山萬水，也未能找到快樂，於是他頹喪地坐在山道旁。一個農夫背著一大捆柴草從山上走下來，富翁說：「我是一個令人羨慕的富翁，請問為何沒有快樂呢？」

農夫放下沉甸甸的柴草，開懷地擦著汗水：「要快樂也很簡單，放下就是快樂呀！」

富翁頓時開悟，自己背負那麼重的珠寶，總是怕別人搶，怕被別人暗算，整日憂心忡忡，快樂從何而來？

於是，富翁將珠寶、錢財接濟窮人，專做善事，慈悲為懷。

這種做法滋潤了他的心靈，也嘗到了快樂的味道。

「放下就是快樂」這也正是「空門」所能給我們的重要提示。

人們整日名韁利鎖纏身，何來快樂？整日陷入你爭我奪的境地，何來解脫？整日心事重重，陰霾不開，何來超脫？整日小肚雞腸，心胸如豆，無法開豁，何來幸福？「暫遁空門」，忘掉愁緒，忘記恩怨，忘卻傷痛，安靜的和心靈對話，我們才能照到更加正確的方向，更加聰明的管理自己的情緒。

第六章

駕馭情緒

一個任性調皮的小孩，媽媽們應該怎樣讓他聽話呢？辦法有很多：許諾，如果他聽話就給他買鹹蛋超人；恐嚇，如果不聽話就狠狠揍他屁股；給他講道理，一個聽話的小孩會成為一個優秀的人；找出他喜歡的小朋友聽話的例子，激勵他也向別人學習。

情緒在很多情況下，其實也像一個不服管教的小孩，很多人傷透腦筋不知道該如何讓情緒乖乖聽話。

如果情緒可以聽話，我們就可以分門別類的管理它們，合適的時候利用合適的情緒，從而做到事半功倍。

以下的內容讓你輕鬆掌握讓情緒聽話的辦法。

第一節 知道你在做什麼

一個成熟的人，應該有足夠的勇氣去面對現實，有足夠的智慧去分析問題，有足夠的魄力去控制情緒。事實也證明，只有具備了這樣才能的人，才更能超越自我，把握未來。

一個鎮定自若的人最突出的表現就是在任何時候都知道自己處於一個什麼位置，知道自己能做什麼、應該做什麼、在做什麼。

一旦激動、憤怒、悲傷等情緒失控，人就很容易被情緒所左右，失去了正確的判斷力，忘記自己在做什麼。

實際上，在現實當中，很多不幸、誤會或者錯誤都不是因為我們的能力有限，而是因為我們沒有很好地控制自己的情緒，被情緒左右了，成了「情緒的奴隸」。

所以，讓情緒聽你的話，首先要做到的就是每時每刻都清醒地知道，自己正在做什麼，只有擺正自己的位置，才能做出正確的判斷，才可避免犯下不必要的錯誤。

周海媚在二〇〇一年的電視劇《新聞小姐》裡飾演了一位叫白雲的新聞主播：美麗、堅強、可愛、善良、樂觀，角色深入人心，深受觀眾們的喜愛。

剛剛當上電視臺新聞女主播的白雲如願以償地和心愛的男人結婚，事業和愛情雙豐收。天有不測風雲，蜜月期還沒過的白雲忽然在主播臺上接到最新消息：丈夫在車禍中去世！導播室的工作人員都捏了一把冷汗，緊張地盯著螢幕，擔心白雲會失聲痛哭；而她的競爭對手則暗自偷笑，希望她失誤然後自己成功登上主播的座位。

螢幕上的白雲嘴角輕微地抽動，愣了不到一秒鐘，馬上用清晰的聲音播報了這則新聞。

走出直播室，白雲失聲痛哭。

丈夫與白雲結婚前有一個十多歲的兒子，他憤怒地斥責白雲毫無人性，居然可以像與自己不相干一樣播出自己丈夫的死訊。

白雲沒有做更多辯解，只是平靜地告訴他：「我在工作！」

「我在工作！」這四個字可謂是字字千金。作為一個新聞主播，當走進直播室，你的任務就是鎮定誠實地向觀眾播報最新最全面的新聞，這個時候，你不是生活中的你，你是為大眾服務的一個工作人，沒有什麼比你當前的工作更重要。當然，電視中的總歸有些超越現實，我們若想達到像白雲那樣高度敬業的境界恐怕也要磨練很多年，事實上這種悲慘的突發事件也是百年不遇。不過，在現實社會中，其實我們也像演員一樣時時刻刻在扮演不同的角色，情人、爸爸或者職員，如果不能好好把握這個角色該做的事情，小至鬧出笑話，大則影響前途。

張先生今年三十五歲，是某貿易公司的客戶經理，在他的辦公室門上貼著這樣一句話：請把你的情緒留在門外！

問起這句話的來由，他告訴我關於他剛進公司不久時所發生的事：

有一天早上上班的時候，他實在是倒楣透了。

一大早出了門坐公車結果堵車，在一條大街上浪費了一個多小時，又熱又急的他趕到公司的時候又發現錢包居然不見了。

張先生十分懊惱，坐在辦公室裡悶悶不樂。

這時，秘書拿了一份貿易合約給他看，他不耐煩地看了一遍就簽了自己的名字。

二十分鐘後，他被請去了總經理辦公室。

總經理一句話也不說，遞給他一份合約，正是張經理剛剛簽署的合約。

張經理仔細一看，冷汗直冒，原來在合約中提到的款項居然比原定的多了一個零，這就意味著會使公司蒙受上百萬的損失，而作為直接簽署人的張經理自然也是逃脫不了關係的。

事後，因為他平時在公司表現的很好，還是破例讓他留了下來。

事情已經過了十多年，但是這件事張經理卻一直銘記在心，不敢忘記。

試想，如果他不把情緒帶進工作裡，根本就不會出現這樣的錯誤。

在後來的工作中，他一直謹遵這條規則，更把這條作為座右銘貼在辦公室的門上，以此來監督自己，同時提醒別的員工。

原來是虛驚一場，但是透過這件事我們也不難想像，如果張經理當時沒有意識到錯誤，不去管理好自己的情緒，總有一天還會重蹈覆轍。試想，一個總把情緒帶到工作中的人，怎麼能得到別人的信任呢？客戶不信任你，進而導致對公司的信譽也產生懷疑，這樣的惡性循環有多可怕。

一些世界知名公司的HR經理談起他們的招聘條件時，大多都認為「公私分明」或者「將情緒放在門外」的員工更值得委以重任。

「知道自己在做什麼」不僅僅讓自己對情緒的認知回歸到正常的管道，從而把工作做好，把人事關係處理好，更可能會因為這事前的一點考慮而挽救生命甚至靈魂。

一個雜誌社曾採訪過這樣一位姓李的醫生。

在他三十年的醫生生涯中，他挽救了很多人的生命，這當中的大多都已經記憶模糊，可是最讓他難忘的是這樣一件事：那天，李醫生值夜班，忽然間，走廊裡一陣嘈雜，一個渾身是血的人被抬進了急診室。

李醫生趕緊準備開始施行急救，定睛一看，卻發現是自己小女兒的前夫吳某。

對於這個人，李醫生說他是化了灰也認得。小女兒當年一心要嫁給吳某，誰知婚後生活很不美滿，吳某居然是個披著羊皮的狼，吃喝嫖賭樣樣精通，並且一喝醉就打人，小女兒終於忍無可忍，服毒自殺，李醫生就是眼睜睜看著小女兒搶救無效，永遠的離開了他。

這件事後，李醫生的頭髮都白了，對吳某的恨更是不言而喻。

沒想到，一年後吳某居然被刺傷送進醫院，又正好是李醫生當晚值班。

李醫生的心情十分矛盾，在他的內心深處，他真希望吳某被一刀捅死。

可是此刻，他卻是一個生命垂危的病人。

事不宜遲，秒針的每一個聲音都好像是驚天的雷聲，生命是最重要的，李醫生還是給他施行了緊急手術。

三天後，蘇醒的吳某在李醫生面前泣不成聲。

李醫生平靜地告訴他：「在這裡，你是病人，我是醫生。」

記者問李醫生，如果再給他一次選擇，還會不會救他。

李醫生毅然地說：「會！因為我還穿著醫生的這身白制服。」

李醫生的高風亮節讓周圍的很多人為之動容，而據雜誌社的後續報導中得知，吳某誠心悔過，最後用自己的行動得到了李醫生的諒解。

李醫生沒想到，因為事前的一點思考，他雖然失去了一個女兒卻又換回了一個兒子。如果當時李醫生沒有擺正自己的位置，一怒之下對吳某不管不問，或者乾脆在手術中動什麼手腳，不難想像，結局會是相當慘重：吳某死了，李醫生背上法律責任，人們對醫生失去信任，人們對社會的信任度和自身的安全感都開始降低……這一連串的連鎖反應是誰都不想再看到的。

「知道自己在做什麼」是一種角色互換前的定位思考，更是人的心智走向成熟的第一步。只有幼稚衝動的人才會糊塗度日不問未來，有些人動不動就拋出這樣的話：「我就想這樣」、「我才不管呢」、「大不了我辭職」，任由自己的情緒肆意妄為，而對給家庭、工作、社會產生的不良影響不聞不問。

一個成熟的人，應該有足夠的勇氣去面對現實，有足夠的智慧去分析問題，有足夠的魄力去控制情緒。事實也證明，只有具備了這樣才能的人，才更能超越自我，把握未來！

中國有句老話叫：「在其位謀其事。」我們把它更改一下，稱其為「知在其位，該謀其事」。也就是說，知道自己應該做的事情，然後，放手去做。至於不該出現的情緒，打包一下，全部扔到垃圾桶吧！

第二節

準備好承擔後果了嗎？

「凡事預則立，不預則廢。」說的是人要有預見性才能成大事，對於未來的探索和選擇是人類的本能，甚至可以說是人與動物的區別之一。只有考慮到了結果，我們才能有的放矢，採取適當的辦法。

無風不起浪，世上的事向來都有千絲萬縷的因果關係。我們所做的每一件事都會產生種種的影響。從法律上講，作為一個完全行為能力的人，必須為自己的行為負責，包括承擔這個行為帶來的法律後果。在生活中，我們做任何事情的時候，也都應該考慮自己可能會造成的後果。韓愈曾經說過：「凡事預則立，不預則廢。」說的是人要有預見性才能成大事，對於未來的探索和選擇是人類的本能，甚至可以說是人與動物的區別之一。只有考慮到了結果，我們才能有的放矢，採取適當的辦法。

有三個外國人被關進監獄三年，典獄長答應他們三個一人一個要求。

美國人愛抽雪茄，要了三箱雪茄；法國人最浪漫，要一個美麗的女子相伴；而猶太人說，他要一部與外界溝通的電話。

三年過後，第一個衝出來的是美國人，嘴裡鼻孔裡塞滿了雪茄，大喊道：「給我火，給我火！」原來他忘了要火了。

接著出來的是法國人。

只見他手裡抱著一個小孩，美麗女子手裡牽著一個小孩，肚子裡還懷著第三個。

最後出來的是猶太人。

他緊緊握住典獄長的手說：「這三年來我每天與外界聯繫，我的生意不但沒有停頓，反而增長了二〇〇％，為了表示感謝，我送你一輛勞斯萊斯！」

看完這個故事，捧腹大笑的同時也帶給我們很多的啟示。故事中的美國人和法國人一時任性，只想眼前，不顧以後，只有猶太人想到了以後，制定了適當的策略。如果前兩者都眼光遠大地想到以後的結果，事情就不會變得如此糟糕。

管理情緒也一樣，情緒爆發的前一秒，如果我們也能預見情緒爆發之後的後果，就會更理性地去對待自己的情緒。

如果你是一個五歲小孩的爸爸，今天回到家裡，他鬧著要你陪他玩，可是，你剛剛挨了老闆一頓訓斥，情緒非常低落，所以，你準備拒絕他……接下來，會產生什麼樣的後果，兒童專家這樣告訴我們：

1.孩子簡單的思維認為，誰陪他玩，那就意味著喜歡他，你沒有陪他，他覺得爸爸不喜歡他了。

2.小孩一天下來沒見到爸爸，很想念你，可是你不理他，他很傷心。

3.昨天你還開心地陪他玩騎馬，今天卻這麼冷淡，孩子覺得大人善變，不再相信你了。

看，這就是可能會產生的後果，你想到了嗎？

試著想想，站在一個爸爸的立場上，失去孩子對你的信任和愛，是一件多麼讓人難過的事情，你還會輕易的拒絕嗎？

如果你是一位掌管著一百多名員工的老闆，今天，因為一件談了很久的生意沒有做成導致情緒非常不好，很憤怒。這個時候，來了另一位客戶，可是，你還是會無法克制內心的怒火，在客戶不斷挑剔你公司產品的時候，你終於要發火了……

接下來，想一下，如果你粗暴的對著客戶發火，結果會怎樣？

一、客戶不再與你合作，你失去了一大筆本來可以擁有的錢。

二、被你的怒火弄得狼狽不堪的客戶將這件事告訴了他的朋友，於是，他的朋友對你的印象很不好。

三、一傳十，十傳百，很多人都知道你是個不善於控制情緒的人，都開始敬而遠之。

不僅失去了錢，還失去了客戶，當你想到這一點的時候，你的怒火還是不能壓下嗎？

我們來看一則更真實的案例：

某一天，銘銘的媽媽，劉太太，發現她皮包裡的錢少了一百元，找了很久都找不到，就以為是先生偷偷拿了去賭六合彩。

於是，她很生氣的質問先生。

劉先生又急又氣，覺得劉太太一點都不相信自己。

接著，兩個人大吵了一架，晚上也氣鼓鼓地互相不說話。

第二天，劉先生下班，保姆正好接銘銘下課回來。

保姆說：「今天我幫銘銘洗衣服時，發現他口袋裡有一張紙，打開一看，竟然是一張一百塊的鈔票，但是都已經濕濕爛爛了……」

劉先生聽保姆這麼一說，馬上怒不可遏地給了銘銘兩個巴掌，並高聲斥責：「你這個孩子，竟然這麼小就會偷錢，害得我昨天晚上和你媽吵架，弄得我今天情緒也壞透了！」

銘銘可愛的兩個小臉頰被爸爸重重一打，頓時紅了起來，立刻哇哇大哭起來。

劉太太聽到哭聲，急忙跑來看銘銘。

銘銘躺在媽媽懷裡，不斷地哭泣。

媽媽仔細一想，三、四歲的孩子怎麼會偷錢？後來仔細詢問後才知道，原來是銘銘在家玩皮包時，隨便抽出了一張百元紙幣，後來玩忘記了，而把鈔票揉成一團，最後無意識地放進了口袋裡。

兩、三天後，劉太太發現銘銘經常哭鬧，而且反應比較遲鈍。

劉太太心想，會不會是孩子被打得腦震盪了？再仔細一看，銘銘睡的小枕頭，居然有血跡。

劉太太趕緊抱著銘銘到醫院去看醫生，一番檢查過後，醫生無情地宣告：「銘銘的耳膜破裂，一個耳朵全聾，另一個耳朵半聾！」

天哪！怎麼會這樣？

吳太太幾乎不敢相信，這麼可愛的孩子，居然耳膜破裂，變成聾子了？

「銘銘以後一個耳朵要戴助聽器，才能聽得見；另一個耳朵全聾，完全聽不見了，所以身體的平衡感會很差，你要多注意他、照顧他！」醫生對劉太太說。

劉太太抱著銘銘回家後，又跟老公吵了一頓，並鬧著要離婚。

後來，劉先生也為自己粗魯的無心之過懊悔不已，他真誠地在太太、兒子，還有長輩面前發誓以後再也不會打兒子了。

現在，銘銘已經是國中二年級的學生，每次都坐在教室第一排，因為他左耳朵完全聽不見，右耳朵必須戴著助聽器，才能聽到老師上課講的話。在教室裡，因為覺得自己殘缺、耳聾，銘銘個性十分內向、封閉。

而銘銘的爸媽，也沒有再生小孩。

劉太太說，是為了要好好照顧銘銘，同時也是對老公沒有信心，兩個人的感情非常冷淡。

其實，劉先生也萬分自責，他多麼希望再回到銘銘沒有耳聾以前的甜美時光，然而，一切傷害都已經造成，一切都已無法挽回了！

假如當時劉先生能冷靜一點，思考一下這可能會給孩子帶來的痛苦，他怎麼還會那麼暴躁的打孩子呢？

我們在日益喧囂的社會中，常常會莫名其妙的心煩意亂，控制不住情緒的發作，但是卻沒有意識到一瞬間情緒的爆發可能會給生活帶來更大的騷亂，甚至是不可預料的變動。如果能夠提前想到結果，一切就會好很多。

小文剛到一家大飯店做主管，有一次去總經理的辦公室，在門口就聽到屋裡傳來總經理的咆哮聲，她嚇得站在門口不敢進去，心裡想：「完了，我正好趕在他發火的時候來。」可是，這事情實在太重要了，小文沒辦法，看到總經理放下了電話，便硬著頭皮進去了。誰知道她一進去，總經理就很熱情地跟她打招呼，並且問她剛來這裡習不習慣，飯店裡的事務熟不熟悉等等。

小文當時的表情真是滑稽透了，驚訝得嘴巴都合不上，她怎麼想也沒想到會見到這樣一幅情景，就好像剛剛聽到的咆哮聲只是一場幻覺而已。

他怎麼可能會在短時間內將情緒轉換得如此之快，小文在心裡深深佩服這位總經理先生。過了一年，小文和總經理在工作外成了很好的朋友。

有一次，小文就好奇的問了這件事情，問他是如何那麼快的管理好他的情緒。總經理微笑著告訴她：「我費了那麼大的力氣才把妳從別的公司挖過來，如果那天我對妳發脾氣，我是逞了一時之快，可是我失去的將是曾經花費的心血和一名優秀的員工，還要加上如今這樣一位能幹的助手。」

快情緒一步考慮到後果，就有了權衡得失的心理時間，正是有了這點時間的爭取，我們才會做出正確的選擇。

一般來看，因為情緒的不穩定性和短暫爆發性，所以情緒爆發之後的後果都是當事人事先並不願看到的，尤其是在憤怒和悲痛情緒籠罩下的人，頭腦已經陷入不清醒的狀態。

與其後悔，不如多來幾秒鐘考慮：

一、這種情緒背後的目的是什麼？我希望獲得什麼結果？

二、為了達成目的，我是選擇其他的情緒？還是選擇繼續留在這種情緒裡？

三、我可以負起情緒之後的一切責任嗎？

想好了這些問題，如果你還是覺得自己可以承擔一切後果：得罪同事，丟掉工作，喪失事業，甚至做牢，那麼你就不要管任何後果地盡情去做吧！

第三節

將視線轉移到路邊的小狗身上

情緒的不穩定性決定了情緒的到來會顯得有些莫名其妙，但是也會很容易轉移出去，只要我們找到一個合適的轉移位置。

人們用「死鑽牛角尖」來形容凡事不肯退縮，固執己見的人，事實上，很多不良情緒也正是因為「死鑽牛角尖」造成的。如果我們能適時的把視線轉移到別的地方，我們就會發現原來天空是如此的開闊，生活是如此的充滿樂趣。

這種透過一定的方法和措施轉移人的情緒，以解脫不良情緒刺激的方法在心理學上就被稱為「移情法」。

但是具體應該怎麼移情，養生學家認為，「七情之病者，看書解悶，聽曲消愁，有勝於服藥者」。還有運動移情法等，琴棋書畫移情法。但是這些方法都有些陽春白雪之感，尤其是當情緒忽然上來的時候，哪裡還有時間去琴棋書畫呢？

其實，我們並不需要有一個刻意的程式去轉移情緒，只要你抽出一點時間，看看周圍的事物，你的情緒就會平穩很多。

有一個圓圓的鐵環，它除了陪小主人玩一會兒就再也沒有別的事了，尤其是當小主人去上學，它更是覺得生活百無聊賴，提不起精神。

於是，它告別了小主人，準備去外面找找更加開心的事情。

小主人答應了它，並把它送到一個高高的山坡上。

圓環很高興，一下子就從山坡上滾了下去，它太圓了，所以滾得很快，剛開始還有點新鮮感，可是每天這麼走，好像跟平時也沒什麼兩樣。

圓環的情緒很不好，有一天停下來的時候，忍不住長吁短嘆哭了起來，心想自己真是沒事找事做，出來這麼久還是找不到可以讓情緒高漲的理由。

一隻可愛的小兔子唱著歌蹦蹦跳跳的走過，看到哭泣的圓環，就問它出了什麼事。

圓環把自己的傷心事告訴了小兔子。

兔子轉了轉眼珠，問它：「你是不是總是跑很快？」

圓環說：「是啊！」

兔子笑了起來，說：「那難怪了。你跑得太快，就錯過了身邊的風景。如果你細心看過身邊不同的風景，就會很快忘了自己心中的煩惱。」

原來是這樣啊！圓環若有所思。

可是怎麼樣讓自己速度慢下來呢？兔子想了一個好辦法，它把圓環稍微弄扁了一些，這樣，它的速度自然就慢下來了。

圓環慢慢地走著，在旅途中，它看到了美麗的風景，它和小花聊天和小草嬉戲，聽蝴蝶蜜蜂講遠方有趣的故事，終於找回了以前快樂的心情。

故事中的圓環將視線轉移到周圍的風景上的時候，終於找到了快樂。我們人呢？如果也可以不把視線放在與人勾心鬥角，計較成敗得失上，而是注意一下周圍輕鬆快樂的情景，是不是更容易平復心中的情緒，找到生活的樂趣呢？

幸福快樂的事情一般都在平時我們沒有注意的細節上，正是因為它的細小，我們都不屑給予他們更多的關注，而是把滿腔熱情都給了地位，給了金錢，給了名譽。

薛西弗斯被罰推巨石上山，每次快到山頂，巨石就滾回山腳，他一直在服這種徒勞的苦役。眾神都覺得他真是倒楣透了，都在說他悲觀沮喪到了極點。

可是，有一天，眾神之王宙斯偶然路過薛西弗斯服刑的那座山，正好遇見正在下山的薛西弗斯，卻發現他吹著口哨，邁著輕盈的步伐，一臉無憂無慮的神情。

宙斯生平最怕見到大不幸的人，譬如說身患絕症的人，或剛死了親人的人，因為對他們的不幸，神既不能有所表示，怕犯忌，又不能無所表示，怕顯得自己不夠仁慈。

看見薛西弗斯迎面走來，儘管不是傳說中的淒苦模樣，深知他的不幸，宙斯仍感到局促不安。

沒想到薛西弗斯先開口了，他舉起手，對著宙斯喊道：「你瞧，我逮了一隻多漂亮的蝴蝶！」

宙斯縱然是可以用他的權威，動用殘酷的手段去折磨薛西弗斯，但總有些事情是宙斯的神威鞭長莫及的，那是一些太細小的事情，而正是在那裡有了薛西弗斯（和我們整個人類）的幸福。

一個能夠在危急時刻仍能坦然自若的人是善於享受生活，也是擁有頑強意志的。

托爾斯泰在《我的懺悔》中講了這樣一個故事：

一個男人被一隻老虎追趕而掉下懸崖，慶幸的是，在跌落過程中他抓住了一棵生長在懸崖邊的小灌木。

此時，他發現頭頂上那隻老虎在虎視眈眈，低頭一看，懸崖底下還有一隻老虎，更糟的是，兩隻老鼠正忙著啃咬懸著他生命的小灌木的根鬚。

絕望中，他突然發現附近生長著一簇野草莓，伸手可及。

於是，這個人拽下草莓，塞進嘴裡，自言自語道：「多甜啊！」

生命進程中，當痛苦、絕望、不幸和危難向你逼近的時候，你是否還能顧及享受一下野草莓的滋味？一個在危難之中還能享受野草莓的人，註定會擁有一顆偉大的心。

將視線轉移到別的方面，不僅僅是發現生活中的小樂趣，甚至幫你開拓思路，找出新的方法。情緒在很多時候其實只需要一個小小的缺口，就可以化解。

一位著名的詩人最近思路打不開，怎麼也衝不出思想的牢籠，浪費了無數的紙張，可是總寫不出一句像樣的話來。

難道自己真的是文思枯竭了嗎？難道自己的寫作生涯就要這麼中斷了嗎？

詩人越想越懊惱，情緒非常低落，在這種低落情緒的影響下，更是什麼都寫不出來了。

詩人的脾氣變得越來越暴戾，家裡的氣氛更是顯得壓抑。

這天，他五歲的孩子怯怯地走過來說：「爸爸，你可以帶我到外面去玩嗎？」

詩人看著孩子純真的臉，想到自己這段時間對孩子的冷淡，不禁有些不忍，就答應了孩子。

他拉著孩子的手去外面的小樹林裡玩，一路上還是提不起精神，仍然想著自己為什麼會寫不出東西的問題。

孩子忽然指著前方問：「爸爸，那幾個字是什麼呢？」

他一看，是一塊掩映在樹林裡的牌子，他告訴孩子是「陽光不銹鋼製品廠」。

孩子平時背成語背多了，就四個字四個字的念：「陽光不鏽，鋼製品廠」，然後疑惑的問他：

「什麼叫陽光不鏽呢？」

陽光不鏽？

詩人當場呆住，心想，這是多麼有寓意的詞語。

他不禁大叫一聲「妙極了！」腦海裡一首詩馬上形成。

就這樣，他又重新找回了自己的靈感，煩悶了多日的情緒也一掃而光。

雖然才華橫溢，滿腹經綸，但是有時候還是會文思枯竭，這是文字工作者們常常會遇到的問題。故事中的詩人一直停留在一個問題上不肯放手，結果導致情緒越來越差，沒想到一次無心的外出遊玩居然讓他找到了丟失的靈感，也重新恢復了平和的情緒。誰都沒有想到，當我們把目光轉移到那些細小的事情上時，居然會得到這麼大的收穫。

在心理診所的情緒治療過程中，醫生們發現了一個現象：一些情緒壓抑過久的人，往往會採用啃咬手指的方式來減輕緊張情緒或者壓力。如何改變這種現象呢？後來，心理專家們就用了這樣一個辦法：在患者的手指上纏了很多圈的細線，這樣，每當他們情緒緊張想咬手指的時候，就必須要慢慢解下手指上的繩子。解完繩子之後，通常患者就不會再想咬手指了。

繩子有這麼大的作用嗎？其實不是繩子的作用，而是解開繩子的動作產生了巨大的作用。

在解開繩子的過程中，緊張的情緒就在這短短的時間裡得到了緩解。其實，情緒正是這樣，它只是需要一個轉移的時間，就可以得到完全釋放。

情緒的不穩定性決定了情緒的到來會顯得有些莫名其妙，但是也會很容易轉移出去，只要我們找到一個合適的轉移位置。

情緒低落的時候，不妨看看街邊花園的小狗，當牠可愛的朝你搖著尾巴的時候，是否覺得心情也漸漸好了呢？原來，這個世界上還有這麼多美好的事物，不管怎樣，還有一隻可愛的小狗在等待你的愛撫呢！

第四節

污染情緒是不道德的

情緒污染是指在壞的情緒影響下，造成心情不暢的氣氛。現代醫學告訴我們，大多數人的疾病往往會從不良的情緒、失衡的心理中產生。為此，人們應該像重視環境污染一樣，重視情緒污染。

情緒是客觀事物作用於人的感官而引起的一種心理體驗。無論喜、怒、思、悲、驚，都有其原因和物件。幽靜的環境，清新的空氣，高尚的品德，物質的豐富，文化的繁榮，都能引起人們愉快、輕鬆的良好情緒；而環境髒亂、虛偽庸俗、文化枯萎等，則可能導致人們厭煩、壓抑、憂傷、憤怒的消極情緒。

好的情緒帶給別人更多的快樂和幸福，在美國的溫妮小姐分享了一個故事：

上個禮拜，我和一位朋友在紐約搭計程車，下車時，朋友對司機說：「謝謝，搭你的車十分舒適。」

司機聽了愣了一愣，然後說：「你是混黑道的嗎？」

「不，司機先生，我不是拿你尋開心，我很佩服你在交通混亂時還能沈住氣。」

「是這樣啊！」司機說完，便駕車離開了。

「你為什麼會這麼說？」我不解地問。

「我想讓紐約多點人情味，」他答道，「唯有這樣，這城市才有救。」

「靠你一個人的力量怎能辦得到？」

「我只是起帶頭作用。我相信一句小小的讚美能讓那位司機整日心情愉快，如果他今天載了二十位乘客，他就會對這二十位乘客態度和善，而這些乘客受了司機的感染，也會對周遭的人和顏悅色。這樣算來，我的好意可間接傳達給一千多人，不錯吧？」

「但你怎能希望計程車司機會照你的想法做？」

「我並沒有希望他照著做，」朋友回答：「我知道這種作法是可遇不可求，所以我盡量多對人和氣，多讚美他人，即使一天的成功率只有三〇%，仍可連帶影響到三千人之多。」

「我承認這套理論很中聽，但能有幾分實際效果呢？」

「就算沒效果我也毫無損失呀！開口稱讚那司機花不了我幾秒鐘，他也不會少收幾塊小費。如果那個人無動於衷，那也無妨，明天我還可以去稱讚另一個計程車司機呀！」

故事中朋友的美好心願讓溫妮十分感動，聽了這個故事的我也深有感觸。想想在日常生活中也是這樣，有一段時間提倡的「微笑」和「擁抱」運動，也是鼓勵人們把好情緒互相傳遞的善舉。

積極的情緒可以帶給人們相似的感覺，同理，消極的情緒也會給大家相似的感覺，那就是集體消極。

外國某幅漫畫對此做出了巧妙的解讀：

有個小男孩被老師罵了一頓，心情非常不好，在路邊遇到一隻覓食的小狗，便狠狠踢了牠一下，嚇得小狗狼狽逃竄。

小狗無端受了驚嚇，見到一個西裝革履的老闆走過來，便汪汪狂吠。

老闆平白無故被狗這麼一鬧，心情很煩躁，在公司裡逮住他的女秘書一點小小的過錯就大發雷霆。

女秘書回家後，越想越氣，把怨氣一古腦兒全撒給了莫名其妙的丈夫，兩人吵了一架，把以前的芝麻綠豆小事都抖了出來。

第二天，這位身為教師的丈夫如法炮製，把自己一個不長進的學生狠狠批評了一頓。

挨了罵的學生，也就是前面的那個小男孩懷著惡劣的心情放了學，歸途又碰見了那隻小狗，二話不說又一腳踢去……

看過漫畫，大家都忍不住哈哈大笑，漫畫用誇張的手法展示了一條壞情緒的情緒鏈。每個人都是壞情緒的始作俑者，每個人也都是壞情緒的受害者。其實，只要中間某個環節的人可以控制住自己的情緒，這個惡性循環就不會再繼續下去。

在生活中，比如罵街這種行為，有一個人開了頭，大家就都跟著罵，好像不罵幾句就不爽快。外地人進城市，坐上計程車聽見司機一開罵，人家對這個城市就難有好印象了。人在外面易受壞情緒的污染，帶著滿肚子悶氣，苦著臉回到家，摔摔打打，看什麼都不順眼，立刻便將壞情緒傳染給全家，整個晚上甚至連續幾天都不得安寧。同樣，在家裡受了氣，也會把壞情緒帶到外面。而人們的日常生活中會有許多外在的或內在的神祕祕因素攪擾心神，讓現代人的情緒反覆無常、古怪和不可理喻。

情緒又極容易相互感染，閉塞人的心智，用心理學家的話說：情緒病毒就像瘟疫一樣從這個人身上傳播到另一個人身上，一傳十、十傳百，搞不清從哪裡開的頭，也不知將到何處中止。其傳播速度有時要比有形的病毒和細菌的傳染還要快。被傳染者常常一觸即發，越來越嚴重，有時還會在傳染者身上潛伏下來，到一定的時期重新爆發。

這種壞情緒污染給人造成的身心損害，決不亞於病毒和細菌引起的疾病危害。

現代人很容易就攜帶著各式各樣的情緒病毒，現代商品社會也像依賴商品流通一樣刺激和推動著情緒病毒的流傳。因為人們在急於追求財富，追求享樂，追求感官的瞬間刺激，追求新潮，緊跟流行，讓生活的潮流此起彼伏，撲朔迷離。於是，生存競爭激烈，市場轉換不定，弄得人們暈頭轉向，身心疲憊。

情緒具有雙重性：一是兩極性，如快樂和悲哀，熱愛和憎恨，輕鬆和緊張，激動和平靜等；二是暗示感染性的大小，往往由人們地位和作用的不同而不同。情緒污染中，與越多人打交道的那一方會造成更大範圍的污染。

今年二十九歲的孫先生在一家醫療器材公司工作，最近他越來越害怕走進辦公室了。因為這幾個月公司業績不好，老闆進進出出都緊繃著臉，再加上孫先生所帶領的小組銷售業績也未如人意，獎金銳減，同事之間也是相對無言，人人一副「苦瓜臉」。

孫先生說，他這一個星期以來只要一走進辦公室就覺得目眩頭痛，不僅如此，每當老闆從他的辦公桌旁經過，孫先生更是連頭都不敢抬起來。

不難想像，長此以往，只會導致業績更加下降，到了撐不下去的那一天，這責任又該由誰負呢？老闆的憤怒情緒影響了孫先生的情緒，孫先生的低落又導致了員工的沒信心，而員工的沒信心又讓老闆的憤怒情緒再上一層樓。

近些年常見的一種情緒病叫「浮躁」，跟著前面的潮流跑，又被後面的潮流催趕得屁滾尿流。

人的個性完全淹沒在世俗的潮流之中，生活被日益濃烈的市場氣氛所籠罩，人格和行為都趨於市場化，成天想的就是怎樣把自己推銷出去，看苗頭、估行情，不斷順著社會行情進行自我塑造、自我改變……這樣活著怎麼能不累，怎麼能不被異化？

還有一種情緒病叫「沒意思」，也叫「鬱悶」，活著沒意思，死了也沒意思，結婚沒意思，單身也沒意思，上班沒意思，下班也沒意思……「既沒有真正的歡暢，也沒有刻骨的悲哀，好似六朝的駢體，雖然珠光寶氣，內裡卻空空洞洞。」現代人只要表面的珠光寶氣，誰還在乎內裡的空空洞洞呢？

這些情緒病的起源剛開始或許只是一小部分人，但誰也沒有料到，不到幾年越演越烈，竟然成了全民情緒。社會的因素不容忽視，但是人為的情緒交叉感染更是顯得迫在眉睫。看到這樣的情景，情緒污染的始作俑者不知該作何感想。

情緒污染在壞的情緒影響下，造成心情不暢的氣氛。

現代醫學告訴我們，大多數人的疾病往往會從不良的情緒、失衡的心理中產生。為此，人們應該像重視環境污染一樣，重視情緒污染。

該怎麼做呢？

現代心理學告訴人們，人的情緒有兩個關鍵時間，一是早晨進餐前，二是晚上就寢前。

這兩個時間都出現在比較私密的家庭生活中，情緒感染的起點一般就是在這裡。在這兩個關鍵時間裡，每一個家庭成員都要盡量保持良好的心境，穩定自身情緒，盡量不要破壞家庭的祥和氣氛，避免引起情緒污染。

假如在一天的開始，家庭某一個成員情緒很好，或者情緒很壞，其他成員就會受到感染，產生相對的情緒反應，於是就形成了愉快、輕鬆或者沈悶、壓抑的家庭氣氛。

而這種氣氛再由家人擴散到外面的時候，又會形成更大規模的情緒污染。

要斷絕這種大規模的情緒污染，我們首先就要從自我做起，盡量做到不將壞情緒傳播給家人、朋友、同事和社會。其次，要提高和學會調整情緒的技巧，遇到煩惱、挫折要善於解脫，增強心理承受力。

任何人都會有情緒低落的時候，每當這時，一是要有點忍耐和克制的精神，二是要學會情緒轉移。另外，切忌把不良情緒帶回家，將心中怨氣發洩在家人身上，為一些小事耿耿於懷。如果家庭成員的情緒不佳，要及時做好疏導化解的工作。

情緒病毒的產生是心理平衡機制失調所致，也就是心理防衛機制遭到破壞。高度市場化的已開發國家，早就在治理環境污染的同時也開始著手治理情緒污染，想出各種辦法幫助人們清除情緒病毒。

歐洲喜歡「運動排毒」，法國人還發明了「精神排毒操」。他們一旦發現自己感染了情緒病毒，就去出一身汗，將鬱結於胸的情緒病毒隨著汗水排出體外。

美國人發現自己感染了情緒病毒就去玩沙子，「將手指腳趾都深深地插進沙子裡撩撥」。他們認為沙子細軟柔滑，可散可聚，無孔不入，能過濾人的情緒病毒。

日本人的排毒辦法是照哈哈鏡，看著自己扭曲變形的怪樣縱情大笑，以嘲笑自己出氣。或者在門框上掛一顆皮球，用前額去撞，撞的力量越大，皮球反彈回來的力量就越大，讓人從作用力和反作用力相等的原理中受到啟發，以期達到平復情緒的目的。

污染環境是不文明的，污染情緒同樣也是不道德的。環境污染會造成環境的日益沙漠化，情緒污染卻可以造成人的心靈日益沙漠化。

當你想到，你的壞情緒可能會影響很多人的日常生活，你還願意肆意地發洩自己的情緒嗎？一個有道德的公民，是應該以美化環境為己任，只要你我都能真心的獻出一份愛，這個世界會更加美好！

第五節

退一步海闊天空

後退幾步，並不表示我們甘於懦弱，它可以讓我們的視野更開闊，能讓我們把前面的路看得更清楚，好讓我們有時間審時度勢，把周圍的情況分析得更透徹，從而做出正確的判斷。

在當今的社會中，什麼事我們都講究要一馬當先，男人要賺更多的錢，要擁有更高的地位，女性也開始興起「女強人」的潮流，要做得更好，要撐起更大的天空，就連小孩，也開始為我的書包是不是最漂亮，我的衣服是不是最名貴爭吵得不亦樂乎。我們在這些日益膨脹的比較和貪欲中逐漸迷失自我，找不到方向，憂愁、煩躁、憤怒、鬱悶的情緒很快占據了心靈的最重要位置。

李文畢在讀書的時候，就是學校的風雲人物，擔任學校學生會會長，舉辦過大大小小很多活動，成績也十分優秀。

在學校提起李文畢，沒有人不知道的。

畢業之後，李文畢進入了一家國內外知名的公司，做財政諮詢方面的工作，是他們那一屆的學生找到的最好的工作，他也為此略微有些飄飄然。

接下來，他按部就班地買房子、娶妻，生活過得舒舒服服。

日子就這麼過了五年。

可是沒想到的是，這個時候的同學聚會卻改變了他的生活。

那天，李文畢高高興興地去參加同學聚會，當然，略微也帶著那麼一點驕傲。

在他自信的心裡，他一直覺得自己是這幫學生中過得最好的。

一陣寒暄過後，大家談論起以前的生活都覺得非常開心。

這個時候，有人開玩笑說：「以前我們不是說誰混得最好，誰就要請大家客嗎？現在呢，怎麼不站出來了？」

李文畢心想，肯定是自己，正準備發言，忽然發現大家的目光好像不在他的身上，而他們喊的名字是張輝！

張輝？有沒有搞錯，他可是那屆學生裡面最差的一個，不僅在學校時成績不好，當時找工作也花費了比別人更長的時間，還只是個推銷員的工作。

李文畢一直都瞧不起他，怎麼可能他現在發達了呢？

可是聽周圍的人一說，李文畢才知道，原來張輝做了一段時間的推銷員之後就辭職經商去了，折騰了幾年，又趕上形勢好，終於熬出頭了。現在掌管一個年資產兩億的鋼鐵公司，旗下的子公司也遍布了好幾個城市。

看著同學們前呼後擁地開著張輝的玩笑，跟他套交情，李文畢覺得心裡很不是滋味。

同學會結束之後買單，李文畢執意要給錢，可是張輝把他的錢擋回去了，說：「哥兒們這還不信任我啊，我來付，你那點死薪水，還是給小侄子買點玩具吧！」李文畢更是覺得自己都下不了臺了。

回到家之後，李文畢越想越氣，自己怎麼比以前那個什麼都不是的同學差了這麼大一截呢！

想著，想著，李文畢的心思就想歪了：「看來現在賺錢不能這麼規規矩矩了，張輝他還不是靠投機才闖出名堂的。」

經過一番周密的部署，李文畢把目光瞄準了公司的帳戶。

他以得天獨厚的條件一下子就神不知鬼不覺地轉走了公司的二十萬。

一次，兩次，三次……

李文畢確實又找回了以前的那種榮耀，同學們都說李文畢確實不簡單，每天這麼清閒也有這麼多錢。

然而好景不長，東窗事發，李文畢鋃鐺下獄。

其實，李文畢完全可以安定地過好自己的生活，可是，在欲望和名利的誘惑下，他一心只想往前衝，結果亂了情緒，迷了心智，犯下了這麼大的錯誤，一世聰慧全部化為烏有。

如果當時李文畢能夠擺正自己的心態，退後一步想：別人的生活還不如我呢，或者雖然我沒有更多的錢，可是我有著幸福的家庭。退一步想清楚，就肯定能發現自己比別人強的方面。

人不能離開物質而生存，這也就註定了人會在意物質上的東西。但是，當面對具體情況時，不同的人，會做出不同的判斷，其結果也大相徑庭。一方面，我們要透過理性來判斷是非，另一方面，又要看到物質上的東西是可以透過自身努力得到的，同時，對於物質方面的追求不僅有合理的管道，也是有限度的，人有物質方面的欲望也無可厚非，正因為人有難以滿足的欲望，才會努力去追尋、創造和奮鬥，這樣，離目標才能夠更近一些，社會才能進步。

所以不能做欲望的奴隸，不管什麼樣的追求，其結果還是為了開心，過度就會適得其反。

多數華人家長都會把孩子看得過於弱小，認為這不能做，那也不能做，恨不得把孩子用玻璃罩整個罩起來，結果使多數孩子對自己的能力缺乏信心，更加認為自己什麼都做不了，長大之後也會變的畏首畏尾。

但是，如果能讓他們找到證明自己有用的地方，他們就會更加有自信。

而在澳大利亞，情況就有所不同了。

有一家人全家出動，爸爸、媽媽和八歲的兒子湯姆、四歲的薩拉到假日森林中去度假。

森林裡是那麼美好，那麼歡快，孩子們快樂地在森林裡嬉戲打鬧，大自然的一切對他們來說是那麼的新奇。

林中曠地附近長著一叢叢野菊花，芬芳撲鼻，全家人都坐在灌木附近。

突然，天空忽然暗了下來，大雨傾盆而下。

湯姆很懂事地把自己的雨衣給了媽媽，而媽媽又把雨衣給了薩拉，似乎她也不怕淋雨。

薩拉問道：「媽媽，湯姆把自己的雨衣給了妳，妳又把雨衣給我，你們為什麼這樣做呢？」

「我們當然要這麼做了，因為每個人都應該保護更弱小的人啊！」媽媽回答。

「那麼，妳的意思就是我是最弱小的人了？」薩拉問道。

「要是妳任何事物都保護不了，那妳就是最弱小的人！」媽媽笑著回答。

薩拉朝菊花叢走去，她掀起雨衣的下部，蓋在粉紅的花上。

滂沱大雨已沖掉了幾片花瓣，花兒低垂著頭，它看起來那麼嬌嫩纖弱，一點防衛能力都沒有。

「媽媽，妳看，我並不是最弱小的！」薩拉自豪地說。

「對呀，現在妳幫助了別人，妳是強者，是勇敢的人啦！」媽媽這樣回答。

我們為媽媽的愛心感動，也為薩拉的聰明鼓掌。縱然是一朵花，可是薩拉從保護小花中找到了自己是強者的證明。這樣的孩子，她的腦袋會靈活，知道退後一步想，我弱小，還有比我更弱小的生物呢！正是因為有著這樣的心，相信小薩拉會更快樂，更有自信！

生活中的很多爭執都是因為我們太固執己見不肯退後所造成的。退後是一種心境，是一種可以寬宏大量看待事物的心境，當我們退一步想便海闊天空。

上班時，梅麗和同事為了一件工作上的事情而爭論，誰也不讓誰，最後兩人鬧得很不愉快。

回到家裡，梅麗還是氣鼓鼓的。

吃過晚飯，梅麗照例打開電腦。

在打開電子郵件時，她看到同事發過來的一封信。

梅麗心想，白天才和她鬧翻，她晚上就寄信給我做什麼？有什麼事情不能在辦公室裡說的？

但她還是忍不住打開了郵件。

她輕輕地點擊了一下附件，只聽見「砰」地一聲響，電腦螢幕上出現了一堆什麼也看不清的亂碼和馬賽克，亂碼上面還有一些大紅的色彩。除了這些，別的什麼也沒有了。

看到電腦上的這幅畫面，梅麗更加生氣了，怎麼能這樣呢？就算是吵架了也不應該這麼惡作劇吧，萬一這封郵件要真有病毒，那電腦不就毀壞了嗎？

梅麗簡直是氣到想臭罵同事一頓，憤怒的情緒眼看就要爆發了。

就在她準備撥同事電話的時候，她看見電腦螢幕上剛才還什麼文字都沒有，這時在電腦右下角，突然跳出一行字來：請後退兩步，再看這封郵件。

梅麗心裡一愣，不知道同事到底要做什麼。

不過還是按照提示後退了兩步，卻發現：剛才看到的那些亂碼和馬賽克已經變成了清晰的「抱歉」兩個字；剛才看到的那些大紅的色彩，現在變成了一個心形圖形。

她終於明白了同事這封郵件的含義：她是在用心向我道歉！

看到這裡，梅麗不由得為自己剛才的莽撞和一時的衝動而對她誤解感到慚愧。事後，梅麗仔細想想，其實白天的那件事情，也並不完全都是同事的不對。

想到這裡，梅麗原諒了同事，並當即寫了一封回信，向她表示歉意。

許多時候，當我們被一些事情蒙蔽，感到生氣、焦躁或是不安的時候，不要急著往前衝，先後退兩步，也許效果會不同。後退幾步，並不表示我們甘於懦弱，它可以讓我們的視野更開闊，能讓我們把前面的路看得更清楚，好讓我們有時間審時度勢，把周圍的情況分析得更透徹，從而做出正確的判斷。

後退了兩步，許多的矛盾便會一下子化解得無影無蹤，從而讓你擁有海闊天空的心境。

漢朝時，有一位丞相名叫公孫弘。他自幼家貧，年輕時就養成了儉樸的生活習慣。做了丞相後，這種習慣依然保持。他吃飯時只有一道葷菜，睡覺時只蓋普通棉被。就因為這樣，同僚汲黯還趁機向皇帝參了他一本。汲黯在奏摺中聲稱，公孫弘位列三公，所得的朝廷俸祿非常豐厚，卻在吃飯的時候吃一道葷菜，就寢的時候蓋一床很普通的被子。這表面看起來很簡樸，實則沽名釣譽，騙取清廉儉樸之美名，其心險惡。

漢武帝見到公孫弘，便問他：「汲黯所說屬實嗎？」

公孫弘說：「汲黯與我素日最為親近，他的話屬實。今日朝堂之上他當著文武大臣的面講出我的過失，正是切中了我的要害。我位列三公，與普通百姓生活無二，是有心賺取清廉之名。如果不是汲黯忠心耿耿，陛下怎麼會聽到對我的這種批評呢？」

漢武帝聽了公孫弘的這一番話，不僅沒有責怪他，反倒覺得他為人謙讓，就更加尊重他了。

公孫弘面對汲黯「騙取清廉儉樸之美名」的指責，在漢武帝面前沒有作一句辯解。

這看似吃了虧，實則不然。

公孫弘深知，在這種情況下，汲黯的說辭已經被皇帝和眾人接受，此時再作辯解，旁觀者就會先入為主地認為他在繼續「使詐」。於是，聰明的公孫弘採取了「以退為進」的策略，不僅沒有對汲黯的指責作辯解，而且對汲黯讚賞有加，這足以使眾人瞭解到自己博大的胸懷。退一步海闊天空，其實人世間的很多事真的不能計較太多，金錢、權力、美女，生不帶來，死不帶去，可是我們偏偏就要在這些事情上爭個你死我活。

很多觸目驚心的刑事案件，也是因為人們不給自己，也不給對方留一點後退之路，結果導致情緒激動，一時失手就釀成大禍。

生活中經常可以看到許多因為一些小事而釀成大禍的現象。其實，為了一些小事而大動干戈，是根本沒必要的。人本身具有社會性，誰也不能生活在真空之中，這就註定人與人之間會發生許多關係。如何處理好這些關係，就成了大問題。這不僅與人的性格有關，還與人的綜合素質有關，也與人的個人修養有關。

這就需要我們每個人都能注重自己的修養，提高自身的素質，能恰當地處理生活中所發生的繁雜事務，這樣人與人的相處才會和諧。

第七章

讓情緒為我所用

一個優秀的將領，最重要的不在於自己能不能驍勇善戰，而是能不能善於利用人才。諸葛亮手無縛雞之力，但是也把三軍將士領導得服服貼貼，每一場戰爭也都打得乾淨漂亮，主要原因就在於諸葛亮知人善任。

情緒也是這樣，每一種情緒都是一種感情的表現，就算它是消極的，我們也不可以像扔垃圾一樣把它扔出去。很多時候，只要我們善於利用情緒，消極情緒也可以辦成好事，當然，不善於利用，積極的情緒也會促成失敗。

第一節

上一步天堂，下一步地獄

每一種情緒都無所謂好壞，都是人類不可避免要遇到的，正因為對分寸的把握不當，超過了臨界點，天堂與地獄的差別就此產生。

一群人在一起談論一位美貌的女子，說她面如桃花，體態恰好。可是，怎麼個恰好法呢？一個書生來了一句：「多一分則肥，少一分則瘦。」眾人拍手稱妙。

情緒根據其強弱的不同，也會造成不同的影響，上一步天堂，下一步即是地獄，這也就要求我們運用情緒的時候要「恰如其分」。

「愛」的情緒大概是個最沒有爭議的情緒了，我們都覺得有了愛就有了一切，這種情緒似乎是沒有什麼壞處的，不像我們常說的憤怒情緒，把持不住就會出現問題，但事實上，「愛」這種情緒如果運用不當也會產生不好的影響。

馬玲和周平是大學同學，周平是班長，馬玲是總務股長，兩個工作搭檔配合得十分有默契。周平很善於運籌帷幄，而馬玲比較擅長於同學之間關係的調解，一些細節問題她都處理得很完美。

班裡的同學都開玩笑說，兩人工作上這麼有默契，生活中要是一對，就更好了。說者無意，聽者有心。

漸漸地彼此有了很好的印象，一起搭檔的時間久了，對方一個眼神都可以看出是什麼意思。於是，兩人走在一起了。

畢業之後，兩人工作了大概一年，就積極籌備婚禮了，一切看起來就像童話故事一樣，要知道，他們那一屆畢業之後還能走在一起的實在是太少了。

結婚之後，日子可是越過越得意，每天都像新婚一樣，馬玲更是辭掉了自己的工作，專心做家庭主婦，一心一意地照顧周平的日常生活。

這樣的日子，外人看了都眼紅。

可是好景不長，周平越來越覺得馬玲的愛變得不可忍受起來。

怎麼會這樣呢?原來，馬玲是一個以丈夫為中心的人，她辭職的原因就是因為她覺得丈夫比自己的一切還重要。

辭職之後，她一方面覺得從此以後丈夫就是自己唯一的支柱了，另一方面也覺得自己的犧牲實在是太大了，所以越來越專橫起來。

周平晚上九點之前一定要回家，要見什麼人必須得跟她說，不能跟女同事講電話超過五分鐘，不准去酒吧玩，不准對除了她以外的任何女性說出讚美的話，走在街上，更不准斜視旁邊走過的女性……這樣的要求誰受得了呢?

周平每次向馬玲提出這個問題，馬玲都很認真地說:「可是，這正是因為我愛你呀!」周平聽到這個回答總是無可奈何。

最後，結婚一年半之後，這對昔日的金童玉女終於分道揚鑣。

誰都沒有想到，太深的愛居然也可以導致離婚。

這樣的結果誰都不願意看到，馬玲愛的變化過程，從友善↓信賴↓親密↓痴心↓專橫，如果馬玲的愛能夠比較有節制地保留在親密和痴心之間，也許一切就不會這麼不可收拾。

現在對於愛情，流行的說法是「半糖主義」或者通俗一點「不愛那麼多，只愛一點點」，說的正是我們在愛的時候也要恰如其分。

快樂似乎也是人類始終追求的一種情緒，快樂的人更容易自信樂觀地看待問題，也更容易與人相處。但是，當快樂的情緒上「漲」到一定程度就變成了「得意」，而「得意」聽起來可就不那麼中聽了，「滿招損，謙受益」這樣的大棒馬上就砸了下來。

任何事物都要講究一個「度」，過了這個「度」就會產生質的變化。

一個學生，老師批評了他幾句，他會很委屈，但是這種委屈仍然停留在憤怒的初級階段，他只是不理解為什麼老師會這麼嚴肅地批評他，不會太過激烈地想到是老師看不慣他或者故意挑他毛病。但是，如果這種委屈經過別人的煽動或者自己鑽牛角尖遲遲不肯釋懷，就很可能產生敵意，進而對老師產生憎恨的感情，這樣直接導致的結果輕則不願再聽老師的話，什麼事都和老師唱反調，重則對老師造成人身傷害。

二〇〇二年五月二十日，中國陝西商州市洛南縣石門鎮向陽中學，正是上課時間在教室裡，老師正在講臺上抑揚頓挫的朗誦課文，底下的一群學生們卻坐不住了。

麗麗（化名）和她的同桌同學偷偷地討論該對誰惡作劇，忽然看到前面的張某正在聚精會神地聽課，好了，就找他。

麗麗拿起下課時在外面撿到的樹葉，用力扔到張某的頭上，正聽得入神的張某被突如其來的樹葉嚇了一跳，回頭一看，麗麗和她的同桌正在笑。

張某有些生氣，上課時間怎麼能搗亂呢？

於是，下課的鈴聲一響，張某就指責麗麗：「在我注意聽課的時候，請妳不要打擾我！」

麗麗也不甘示弱：「就打擾你了，怎麼樣，有本事告老師去啊！」

張某一氣之下就去了老師的辦公室，果不其然，很快地，麗麗就被老師叫進了辦公室。

半個小時之後，灰頭土臉的麗麗從辦公室出來了，原來，老師狠狠地把她訓了一頓。

麗麗一邊走一邊想：「真是的，說去告訴老師就去了，哪有這麼小心眼的男生，害我被罵了一頓，真是氣死我了！」

麗麗的同桌同學跑來了，也跟麗麗說著張某的壞話。

被同桌同學這麼一慫恿，麗麗更覺得火冒三丈。

正好走到教室外面，麗麗看到了張某，張某一臉嘲笑地對她說：「怎麼樣，被老師訓了吧，哈哈。」

話音剛落，意想不到的一幕出現了：麗麗衝上去，拿出口袋裡的美工刀就刺進了張某的脖子裡……

後來，張某送至醫院搶救無效死亡，麗麗也被拘留。

時至今日，這件事已經被很多人忘記，但是當翻開塵封已久的卷宗，兩個孩子的命運仍然讓我們扼腕嘆息。誰能想到，一件這麼小的事情竟然給張某帶來了殺身之禍。麗麗如果情緒沒有惡化到憎恨的程度，也就不會如此魯莽行事。對於孩子們的情緒，社會和老師家長更要加強引導和教育，他們閱歷太少，自制力也相對脆弱，沒有利用好情緒，就造成行為偏差，釀成大禍。

溫度只要還高於零度一點點，水就仍是我們日常生活中淙淙流動的液體，可是一過了零度，便成為了尖銳頑固的冰。

情緒也是這樣，每一種情緒都無所謂好壞，都是人類不可避免要遇到的，但是正因為對分寸把握不當，超過了臨界點，天堂與地獄的差別就此產生。

第二節　自知才能自明

能否自知與一個人的社會閱歷、社會經驗、個人修養水準等有關。一般而言，社會閱歷多、社會經驗豐富、個人修養水準高的人，就能比較瞭解自己。

中國有句古話叫：「知人者智，自知者明。」意思是知道別人的人有智慧，瞭解自己的人聰明。只有我們深入的先瞭解自己，我們才能有效的管理自己。

在我第一次參加面試的時候，我得到了一個深刻的教訓：

那天，帶著一股天不怕地不怕的豪情，我雄心勃勃地去參加面試，我想，專業知識如數家珍，公司還能不要我嗎？

終於到了公司裡，看到總經理的那一刻我的情緒居然還是緊張了起來，等著他問一句我答一句。雖然緊張，但我仍然很自負，心想，我念的學校可是全國有名的，專業知識又這麼豐富，你問我什麼我都會回答。

沒想到，總經理問我的問題居然跟專長沒有關係，他問：「你能告訴我你的優點和缺點嗎？」平時還算伶牙俐齒的我居然在那一刻什麼都說不出來了。仔細想想，我還真的沒有認真思考過這方面的問題，優點我好像有很多，缺點好像也有很多，但是究竟是什麼，又有點說不出來。

我思考了半天，終於結結巴巴的說出了幾句。

聽完之後，總經理微笑著對我說：「我想你還是回去好好準備再來。你連自身的條件都不清楚，又怎麼能做事呢？你先回去吧，我們會再通知的。」

我羞愧萬分地回到了家中，這樣的回答其實就已經是巧妙的拒絕。

我認為十拿九穩的事情居然因為這個問題而失敗了。

這件事過去了很久，當我真正開始工作，開始做事的時候，我才終於明白了總經理那句話中包含的深刻含義。一個人，如果對自己本身的條件或者自己的內心都不知道，他又該如何去面對別人，面對自己呢！

一個人為什麼總控制不住自己的情緒？順利時頭腦熱得不得了，像發昏似的，失意時又冷得好像掉到冰窖裡面去了，什麼都不想做，做事老是跟著感覺走，什麼都憑衝動辦事，這類人就在於對自己缺乏足夠的把握。

情緒本是一件很私密的東西，完全由個人的內心產生，如果你根本不明白自己的情緒是從何產生，就找不到解決的辦法。「解鈴還需繫鈴人」，不明白癥結，就不能妥善的解決問題。

當某種情緒產生的時候，我們認真地問問自己：為什麼我會這樣？得到答案後，我們再去採取行動，就會有的放矢。

蘇明是一所高中的語文老師，同時也是某個班級的班導師。

高中的學生雖然都開始為聯考努力，但是還是一些半大不小的孩子們，所以也就比較調皮搗亂，很多老師都被弄得心力交瘁，但是蘇明自有自己的一套管理方法。

有一段時間，蘇明發現一個平時成績很好的學生忽然變得情緒很低落，上課的時候不專心聽講，下課也一個人在發呆，在期末考試的時候，成績下滑了很多。

那天成績單下來，那個學生忍不住哭了起來。

蘇明準備好好找她談一談。

蘇明問她：「知道為什麼自己最近情緒這麼不穩定的原因嗎？」

學生想了想說：「我也不是很清楚，就覺得對什麼都沒有熱情，而且看見什麼都煩，有時候還覺得生活很沒意思，天天就是寫作業，看書什麼的。可是我一停下來不看書，成績下降，我就覺得更加難過。」

蘇明繼續問：「妳把現狀都解釋得很清楚，可是妳認真考慮過產生這些情緒的深層原因嗎？試著說說看。」

學生想了一會兒說：「好像是壓力大的原因吧。爸爸媽媽總說妳要是考不上大學就怎麼怎麼樣，說得我心裡很煩躁。」

蘇明說：「還有嗎？再想想，爸爸媽媽雖然是給妳很大壓力，但是這些壓力以前也給妳啊，那個時候妳為什麼不像現在這麼情緒多變呢？」

學生想了一會兒說：「蘇老師，我說了你不要告訴我爸媽。」

蘇明說：「好，我保證，只要不是什麼違法犯罪的事。」

學生笑了，告訴蘇明：「前一段時間，有個男孩給了我一封情書，我也挺喜歡他的，我們偷偷戀愛了。我也知道這不好，所以總擔心被人看見，也擔心成績不好被家人罵，這次成績一下降，我就覺得可能是跟談戀愛有關，想放手又放不下，不放又覺得對不起父母。我該怎麼做呢？」

蘇明聽完她的述說，笑著說：「其實妳不用問我什麼意見。妳自己沒有發現嗎，在妳告訴我妳的心事的時候，妳已經完整的剖析了自己，在妳對自己情緒不好的源頭有所瞭解的時候，妳就已經具備解決問題的能力了。剩下的事，妳就按照我剛才問妳話的步驟好好思考一下，我相信妳會做出正確的抉擇。」

學生認真想了想，說：「放心吧，蘇老師。」

蘇明一直沒有再去問那個學生她到底是怎麼做的，但是他看到的情景是，那個學生又找回了以前的快樂，成績很快上升了。

在優秀教師講習會上，蘇明告訴大家他管理學生的祕訣，那就是「給他們一個機會，讓他們自己認識自己！」

我很羨慕那位學生可以遇到一位這麼懂得教育藝術的老師，蘇老師正是深刻的領會到了「自知者明」的含義，所以才放手大膽地讓學生勇敢面對自己的內心，而瞭解自己往往就是成功的基礎。

在我們前面所說的，在別人面前隱藏自己的情緒固然是一種很值得提倡的辦法，但有一些人在管理情緒的時候採用了「迂迴」的戰略。他們情緒激動的時候，選擇「避而不戰」，這種「避」也是另一種「自知」的方式。

胡先生是一個人緣很好的人，可是真正熟悉他的人卻知道，他是個脾氣暴戾的傢伙！他們曾經眼睜睜的看他有一次發火的時候把一輛腳踏車扔出了十幾公尺遠。

可是他怎麼能管住自己的情緒，不讓它傷到別人呢？

胡先生說：「我知道自己本來就是一個膽汁型的人，很容易衝動，我試了一些辦法，雖然有所改善，但是天性裡有一些東西總是無法完全磨滅。我也很清楚地知道自己在爭吵的時候很容易就拉不回自己的情緒，所以平時我就盡量避免這些正面的衝突。

比如辯論會，我的口才還是不錯的，可是每次的辯論會我都盡量不去參加，我很容易辯論到一半就跟人吵了起來。在選擇工作的時候，我也盡量不去一些站櫃檯、銷售一類的工作，我會將自己的情緒用在更適合我的工作上，這也叫物盡其用吧。每當我避免不了的和人爭論什麼事情的時候，我都會在我脾氣要發作的時候選擇離開，等平靜了再來談。」

另外，胡先生還有一個「情緒分析表」，一個積極表格，還有一個消極表格，每個月每天都記下自己的情緒變化，一個月結束之後形成一張曲線圖。這樣，他可以清楚的看到自己的情緒會在哪一段時間比較消極，哪一段時間又比較積極，從而合理安排自己的工作，在情緒低落的時候就盡量減少跟人爭執的機會。

胡先生幽默的告訴我們：「這個表格也算是我情緒的生理期了！」

胡先生在生活中已經完全摸透了自己的特點，所以他才會發展出這麼一套「避而不戰」的情緒管理戰術，這種「避」不是消極的退縮，而是一步更積極的進取。

在一個群體中，首先要知道的是，自己在這個群體的活動中其實是占據著很主動的位置，所以，更加深刻的瞭解自己的情緒，我們才能在最合適的時機拿出最適合的情緒，大家往往在生活中看到有些好心辦壞事的情況，其實那都是對自己現有的情況沒把握好才造成的。我們必須先對自己的自身情況有一個充足的瞭解，才能決定下一步的部署。

但是，自知並不是一件很簡單的事情，大多數時間我們把注意力都放在了別人的身上，而忽視了對自己心靈和情緒的探究。能不能自知與一個人的社會閱歷、社會經驗、個人修養水準等有關。一般而言，社會閱歷多、社會經驗豐富、個人修養水準高的人，就能比較瞭解自己。

瞭解自己，這是一個人一生的課題，是我們一輩子都要進行的工程。有時，在人生的某個階段能比較好地瞭解自己，到了人生的另一個階段，它反而會變得很突出，成為自己發展中的一個障礙。所以，對人來說，要做到真正瞭解自己是很不容易的，需要人的一輩子的努力。

第三節

利用別人的情緒突破僵局

在人際溝通中，為了取得更長遠的發展，我們必須去照顧別人的情緒，瞭解他們的想法。如果能夠合理利用他們的情緒，那麼你的事業一定會如虎添翼，取得更加有效的成果。

荀子說：「登高而招，臂非加長也，而見者遠，順風而呼，聲非加疾也，而聞者彰。君子生非異也，善假於物也。」借助外力，可以讓我們的事業如虎添翼，更上一層樓。在情緒的管理上，能夠有效控制情緒是很了不起的事情，但是如果能夠善於利用別人的情緒，那就更是高人一等了。

《紅樓夢》中的王熙鳳一升任為榮國府的管家婆，各方面的事務都管理得井井有條。在榮國府這個處處玄機，充滿勾心鬥角的地方，行走遊刃有餘，除了她雷厲風行的作風和靈活的頭腦，還有就是善於利用別人情緒的才能。八面玲瓏，見人說人話，見鬼說鬼話，照中國有句老話就是「會來事」（會處理人與人之間的關係）。

利用別人的情緒，有兩層含義：一在別人情緒低落的時候要盡量避免，免得惹禍上身；二是看準時機，充分把握別人的情緒為我所用。

在第一層意思上，如果我們不照顧別人的情緒，在不合適的情況下說或做了不合時宜的話和事，就很有可能弄巧成拙。

王鈴畢業的時候到了一家報紙的編輯部工作。

剛來的時候很拘謹，不知道怎麼跟同事打交道，不到一個星期，王玲發現，其實編輯部的工作一般都是比較輕鬆的，而且一起工作的都是年齡差不多的年輕人，大家在一起說話很隨便，時常開些不登大雅之堂的玩笑。

愛玩的王玲算是找到夥伴了，她就喜歡這種工作的氣氛，活潑的個性一下子就顯露了出來。

剛開始，大家都還挺喜歡她的，覺得她像個小妹妹一樣，什麼事也都寵著她。可是這樣時間一長，王玲就有點大剌剌了，連編輯部的主任她也會開個玩笑。

一天早上，王玲看到主任臉色不大好，為了緩和氣氛，說：「主任，這是怎麼了？都快趕上熊貓了。你真是我們的好主任，肯定是加班熬夜的吧，人民感謝你……」她還沒說完，主任冷冷地看了她一眼，進門去了。

過一會兒在會議上，主任很生氣地批評了王玲，說她工作不認真，上班就知道嘻嘻哈哈。王玲覺得委屈，平時自己做的工作還算少嗎？認真負責地做，今天怎麼挨了這麼一頓罵。下班的時候，一直對她很照顧的李姐對王玲說：「今天難過了吧！」

王玲忍不住哭了：「是呀，一直都沒人這麼說過我呢，我也沒不努力啊！」

李姐說：「我看妳啊，就該挨這頓罵！」

「啊？為什麼呀？」

李姐耐心的對她說：「其實，今天主任生氣不是因為妳工作不努力，主要原因還是妳今天開的玩笑實在是太不對了。」

王玲覺得納悶了：「平時這種玩笑不算什麼。」

「平時這是不算什麼，可是今天妳就是開的不是時候。我跟主任家住隔壁，昨天晚上，因為一些瑣事，主任和他妻子大吵了一架，情緒壞透了，妳這個時候開他的玩笑，可不就是找罵嗎？」

「可是我也不知道啊！」

「你沒看見主任的臉色那麼不好嗎，遇到這種情況，妳就應該避一避，誰會沒有情緒呀，妳亂開玩笑，他能不生氣嗎？其實，妳就是太不懂得感受別人的情緒了，同事中其實對妳都有些意見了。妳總是不管人家今天的情緒怎麼樣，就隨口開玩笑。別人正好情緒不錯時，妳開開玩笑就當助興了，可是人家情緒不好時，妳開的玩笑只會讓人認為妳不懂事！其實大家都很喜歡妳，可是妳也不是小孩子了，凡事都要考慮一下別人的情緒，千萬不能再亂開玩笑了。」

王玲認真地思考了一下，感激地說：「謝謝李姐，我知道以後該怎麼做了。」

王玲如此大意的在不合適的時間說了不合適的話，結果招來一頓臭罵，生活中的你呢，是否也馬虎粗心地出現過這樣的錯誤？確實，這種錯誤在生活中可以見到很多，尤其是剛剛從大學校園裡走出來的學生，平時在學校裡隨便慣了，大家的關係相對來說簡單多了，也不會要求你一定要去感受別人的情緒。等出了校門面對社會的時候，難免拿出以前的作風來為人處世，這個時候，就顯得有些幼稚了，往往無心之過就會招致別人產生厭惡的情緒。

但是，如果能善於把握別人的情緒，那就不會再產生這樣的錯誤了。

有這樣一則寓言故事，給我們很好的啟發：

一把堅實的大鎖掛在鐵門上，一根鐵棍費了九牛二虎之力，還是無法將它撬開。

鑰匙來了，它瘦小的身子鑽進鎖孔，只輕輕一轉，那大鎖就「啪」地一聲打開了。

鐵棍奇怪地問：「為什麼我費了那麼大的力氣也打不開，而你卻輕而易舉地就把它打開了呢？」

鑰匙說：「因為我最瞭解它的心。」

情由心生，瞭解他的心就是了解他的情緒，而對情緒的把握就是人際溝通中的金鑰匙！

住在同一個社區裡的老約翰、史帝夫還有瓊是很好的朋友，共同的特點讓他們走在一起，那就是怕老婆。

他們的妻子把家庭財政牢牢掌握在手上，連零用錢他們都得低聲下氣地去要，一般還要不到，因為妻子們覺得他們應有的一切都已經提供給他們了，自然不需要別的開銷了。

三個人整日在一起討論該怎麼要點錢去打個牌什麼的，可是用盡各種辦法都不行。

忽然有一天，其餘的兩個人發現約翰居然開始有錢了。

這到底是怎麼回事？難道他有了什麼別的生財之道？

老約翰得意洋洋地告訴他們：「因為我找到了老婆的情緒規律。」

「情緒規律？」兩個人大吃一驚。

「是的。我最近發現我的妻子每到星期五就會特別的高興，星期五下午，她們那幫愛跳舞的人就會聚在一起學跳舞。除了跳舞，沒有什麼可以讓她這麼高興了。我後來發現，在她這個情緒高昂的時候，跟她提什麼要求她一般都會滿足，試了兩次之後發現果然是這樣。這就是我的祕密，利用她的情緒。怎麼樣，高不高明？」

兩個朋友哈哈大笑起來說：「看來我們也得去好好研究妻子的情緒了。」

沒想到，三個好朋友討論了那麼久都解決不了的問題，居然這麼簡單就迎刃而解。可見，合理利用別人情緒的魅力真是無法抵擋。

每個人都有自己的情緒低落期，也都有自己的情緒高潮期，我們所要做的就是觀察他的情緒，從而採取適當的行動。在低落的情緒期間不要亂說話，不要挑釁別人，在高潮的情緒期要盡量把握機會，這其實都還只是算利用別人情緒的初級階段，真正高明的應該是如何引導別人的情緒，然後為我所用。

在銷售、貿易、客戶等一線的工作崗位上與人打交道，當面對的顧客情緒低落時，我們當然不可能說在他低落的時候就拒絕跟他打交道，我們能做的就是盡量轉換形勢，把他們的情緒引上正軌，即使不能，也要巧妙的轉換並反面出擊。

二〇〇四年十月二十六日歐盟委員會批准美國甲骨文公司以七十七億美元收購其在商用軟體領域的競爭對手仁科公司。但是，儘管甲骨文已經完成了對仁科的收購，競爭對手SAP仍然在挖它的牆角。

SAP挖牆角的正是巧妙利用了客戶的「恐慌情緒」。甲骨文收購仁科之後，一些以前提供仁科企業軟體的服務提供商擔心甲骨文會如何處理仁科的產品，害怕自己的收益遭到損失，所以正在達成提供SAP和其他公司的人力資源、財務管理等軟體的交易。

甲骨文的發言人韋恩拒絕討論SAP是否正在蠶食甲骨文市場的問題，他只是指出，甲骨文正在有效地滿足客戶的需求。在甲骨文收購仁科的早些時候，ＳＡＰ收購了TomorrowNow——對仁科軟體提供支援服務的一家第三方服務提供商，它還推出了旨在吸引仁科和甲骨文客戶的Safepassage計畫。該計畫將目標直指當前還未使用ＳＡＰ軟體的仁科客戶，在軟體升級和客戶支援上ＳＡＰ公司的計畫能提供比甲骨文公司更便宜的價格。

儘管沒有披露到底獲得了多少「投誠的」客戶，但分析人士也認為ＳＡＰ確實取得了進展。ＪＰ摩根證券公司的庫納、約翰在最近的一份報告中寫道，市場由其他廠商向ＳＡＰ傾斜的趨勢在二〇〇五年及以後還會繼續下去，ＳＡＰ和甲骨文之間的差距在進一步擴大，甚至速度更快，現在四三％的美國大企業都使用ＳＡＰ的軟體，到年底時這個比例可能提高至五〇％。

ThinkEquity合夥公司的分析師彼得說，只要有一％的仁科客戶不高興，這就是ＳＡＰ的勝利。

這是一起對手試圖利用由合併造成混亂的典型案例，ＳＡＰ公司利用客戶對甲骨文仁科兩者兼併的恐慌情緒，成功拉攏他們成為自己的客戶，可以說是商場上運用情緒的成功典範。

人的天性決定了群體生活的必然性，在人際溝通中，為了取得更長遠的發展，我們必須去照顧別人的情緒，瞭解他們的想法。如果能夠再合理的利用他們的情緒，那麼你的事業一定會如虎添翼，取得更加有效的成果。

第四節

撥開複雜情緒的迷霧

對事物發展發揮決定性作用的情緒就是我們需要牢牢把握的主要情緒；而其他衍生的情緒則可以稱為次要情緒。我們如果能夠發現主要情緒，做起事情來就會順手得多。

我們看到世界上有著成千上萬種不同的顏色，單純太陽光就有著十二種不同的顏色，但是，顏色的三原色只有紅、黃、藍三種顏色，其餘的顏色都是這三種顏色的混合。情緒也是這樣，具有明顯特徵的其實只有四種情緒：快樂，悲傷，憤怒，恐懼。當這四種情緒以不同的濃度混合在一起的時候，就又產生了很多種不同的情緒。

這就為我們利用情緒設置了很大的障礙。很多時候，我們就是搞不清楚到底自己或者別人的情緒是什麼？憤怒，還沒達到；悲傷，好像也不是；快樂，更談不上；恐懼，好像是有一點。可是，到底是什麼呢？千萬次追問，千萬次探討，我們還是不明白到底是怎麼了？一團迷霧中，我們又怎麼能夠有效利用情緒呢？

其實，撥開複雜情緒的迷霧也並不是非常難辨的事情。在情緒中，必定是有一個最重要的，其餘的都是主要情緒附帶產生的。所以我們首先要做的就是分清主次。

如果主要問題和次要問題我們都找不清楚的話，就算我們用再大的力氣，也是白費。

有一天，動物園管理員們發現袋鼠從籠子裡跑出來了，就開會討論，並一致認為是籠子的高度過低，決定將籠子的高度由原來的十公尺加高到二十公尺。

結果，第二天他們發現袋鼠還是跑到外面來，所以他們又決定再將高度加高到三十公尺。

沒想到隔天居然又看到袋鼠全跑到外面，管理員們大為緊張，一不做二不休，將籠子的高度加高到一百公尺。

有一天，長頸鹿和幾隻袋鼠們在閒聊：「你們看，這些人會不會再繼續加高你們的籠子？」

袋鼠說：「很難說，如果他們再繼續忘記關門的話！」

看完這個笑話，我都有點臉紅了，自詡為最聰明的人類居然會犯這麼低級的錯誤。不管籠子有多高，如果「關門」這項工作沒有做到的話，還是一樣失敗。在複雜情緒中，在事態發展中處於支配位置，對事物發展發揮決定性作用的情緒就是我們需要牢牢把握的主要情緒；而其他衍生的情緒則可以稱為次要情緒。

黃明這次出差回來，發現妻子麗麗的情緒好像有些不對勁，總是悶悶地坐在沙發上，做什麼事都提不起精神的樣子，或者就是對黃明說些莫名其妙的話，什麼你是不是不要我了，是不是不管我了，我怎麼樣你也無所謂對不對。

黃明看到這種情況，很擔心，但是他又是個粗線條的人，根本就無法理解麗麗的情緒到底是怎麼樣了。

聽家裡的保姆說，前些天麗麗最寵愛的小狗丟了，黃明心想：一定就是這件事了，她肯定還沒有從這種悲傷的情緒中走出來。

於是，黃明費盡心機從朋友家抱來了一隻差不多樣子的小狗，可是，麗麗看到之後並未顯得十分高興，只是象徵性地抱了一下，事後還是老樣子。

這下子黃明有些不高興了，在跟一群朋友喝酒的時候，他不停埋怨說，女人真是不好伺候，天知道她們的腦袋裡都在想著什麼。

恰好，黃明的朋友王凱的妻子是麗麗的好朋友，黃明就央求王凱回去跟他妻子說，請她幫忙問問麗麗到底是怎麼回事。

第二天，王凱就把原因告訴黃明。

原來，麗麗在黃明出差的時候，發現他換下來的衣服口袋裡有一張名片，這名片的主人是黃明以前的女朋友，麗麗就在想黃明是不是跟以前的女朋友有什麼了。

黃明哭笑不得：「原來是這件事，她也太小心眼了！再說了，有什麼問題她可以跟我說呀！」

王凱哈哈大笑起來：「黃明呀，你也真馬虎。聽我太太講，你家麗麗不願當面問你，可是旁敲側擊地說過很多回了，你根本不善於觀察她的情緒，她每天跟你說的那些話，還有一聽到有女人找你就緊張，那不是擔心你不然是什麼，結果你倒好，還以為人家是為小狗悲傷呢！」

黃明懊惱地拍了拍腦袋：「看來下次我得認真仔細的分析形勢，掌握她的情緒了。」

黃明沒有抓到問題的本質，只是想當然地考慮妻子麗麗的情緒，結果費了半天功夫還是一點幫助都沒有。這種例子在我們的生活中總是常常會看到，對情緒觀察的不夠仔細，或者對導致情緒產生的主要原因分析的不夠透徹，不必要的誤會就此產生。善於抓住情緒的根本，也就可以妥善的利用情緒。

志文從原先的公司辭職之後，正遇上找工作的淡季，一直找不到稱心如意的工作。眼看著要繳房貸，家裡的孩子也要等著拿錢交學費，志文心急如焚，脾氣也變得很差，差點都要一夜白頭了。

妻子看到這種情況很擔心，就極力勸慰志文，勸他先把心態調整一下再去找工作，這樣急急忙忙地趕著去找，很容易會上當受騙。

志文仔細一想，也對，虧了自己還在職場上做了這麼多年，怎麼會這麼不冷靜。他漸漸讓自己平靜下來，自己一個人跑到書房裡認真規畫以後的步驟。

首先，志文把自己最近的情緒狀況列了出來。

一：恐懼。也是三十多歲的人了，比起年輕人來說，體力不行了，接受新知識的能力也不比以前靈活，很有可能被社會淘汰。

二：擔憂。家庭的負擔也不算輕，上有老下有小，都靠著我吃飯。

三：羞愧。作為一個男人，如果挑不起這個家，那也實在太丟人了。

四：憤怒。自己的能力完全符合上A公司的條件，也陸陸續續地交涉了快一個月，可是到了最後關頭，又說自己不行。

但是，志文經過深入的思考，發現這些情緒表面上的原因其實都不是重點。導致這些情緒產生的原因是他性格裡好強的情緒在搗亂。正是因為好強，所以志文當時不顧一切從公司辭職，想尋求更大的發展空間；正是因為好強，志文才覺得這個時候沒能給家裡帶來以前的寬裕生活是一種羞愧；正是因為好強，志文才在別的公司沒能接受他的時候心裡產生那麼大的落差。

既然主要的根源在於自己的好強情緒，那如果自己把這種情緒帶上正軌，那負面的情緒就很容易消退了。而且，既然好強的情緒還是在主導的位置，那就說明我的心態還年輕，我的衝勁還很足，我還可以和別的年輕人在職場上一較高下。

想到這裡，志文微笑了，他又重拾生活的信心：明天一定會更好！

志文不愧是在職場打拼多年的人，他很容易冷靜下來，也很會理性的去抓住問題的根本，從而反敗為勝。

複雜情緒並不可怕，就像一團被小貓抓得七零八落的毛線球，不管它怎麼雜亂無章，在線團的中心位置必定還有一個無法變更的線頭，只要找到了這個線頭，一切問題就可以迎刃而解。

國家圖書館出版品預行編目資料

在憤怒的世界裡淡定的活著 / 林大有作.
－－第一版－－臺北市：字阿文化 出版；
紅螞蟻圖書發行，2017.01
面 ； 公分－－(勵志系列；07)
ISBN 978-986-456-073-8（平裝）

1.情緒管理 2.生活指導

176.5 105022983

勵志系列 07

在憤怒的世界裡淡定的活著

作　　者／林大有
發 行 人／賴秀珍
責任編輯／韓顯赫
校　　對／朱美琪、謝容之
美術構成／上承文化
出　　版／字阿文化出版有限公司
發　　行／紅螞蟻圖書有限公司
地　　址／台北市內湖區舊宗路二段121巷19號(紅螞蟻資訊大樓)
網　　站／www.e-redant.com
郵撥帳號／1604621-1 紅螞蟻圖書有限公司
電　　話／(02)2795-3656（代表號）
傳　　真／(02)2795-4100
登 記 證／局版北市業字第1446號
法律顧問／許晏賓律師
印 刷 廠／卡樂彩色製版印刷有限公司
出版日期／2017年 1 月　第一版第一刷

定價 280 元　港幣 94 元

ISBN 978-986-456-073-8　Printed in Taiwan